초판 2쇄 발행 2020년 10월 20일

글 · 최유성   **그림** · 주형근
편집 · 남은영   **디자인** · 김진영, 김수연
펴낸곳 · 이룸아이   **펴낸이** · 송수정
주소 · 서울시 금천구 디지털로9길 32 갑을그레이트밸리 A동 405호
전화 · 02-373-0120   **팩스** · 02-373-0121
등록 · 2015.10.08.(제2015-000315호)
ISBN 979-11-88617-23-4 | 979-11-88617-22-7(세트)
홈페이지 · www.eribook.com

이 도서의 국립중앙도서관 출판예정도서목록(CIP)은 서지정보유통지원시스템 홈페이지(http://seoji.nl.go.kr)와 국가자료공동목록시스템(http://www.nl.go.kr/kolisnet)에서 이용하실 수 있습니다.(CIP제어번호:CIP2019033750)

머리말

작가의 글

다른 나라에 여행을 다녀온 적이 있나요?
전 아주 많아요! 세계 이곳저곳 가보지 않은 나라가 거의 없답니다.
여러분도 세계 여행을 떠나고 싶다고요?
그럼, 이 책을 읽어 보세요! 한 나라의 문화와 역사를 안다면
그 나라를 직접 여행하는 것과 다름없거든요.
으악! 책을 읽으라니 너무 딱딱하고 지루한 여행이 될 것 같다고요?
걱정하지 마세요! 엄마와 함께 놀이처럼 질문을 주고받다 보면
어느 사이 즐겁게 여행을 끝낼 수 있답니다.
때때로 아빠나 친구와 함께 여행할 수도 있고요.
우리가 사는 아시아부터 아메리카, 아프리카, 유럽, 오세아니아까지
모두 돌아보려면 무척 바쁘니까 부지런히 따라오세요!
여행을 하다가 마음에 드는 나라가 있으면 천천히 둘러봐도 좋아요!
물론 언제든지 되돌아가도 좋고요.
이 여행은 절대로 길 잃을 걱정이 없으니까요.
그럼, 이제 여행을 떠나 볼까요!

최유성

'알고 있는 것'으로 '알지 못하는 것'을 상상해 알아가는 창조적 사고!

퀴즈 풀면서 재미있게 배우는 신개념 학습!

〈GUESS 시리즈〉는 주어진 여러 힌트에서 관계성을 찾아 관찰하고 무엇일지 유추하여 개념지도를 그리며 새로운 것을 창조해 내는 신개념 학습법이에요. 퀴즈를 푸는 동안 스스로 생각하는 힘과 집중력, 문제 해결 능력이 쑥쑥 자라요. 초등교과 개념을 쉽고 재미있게 이해할 수 있도록 다양한 정보와 예시들을 퀴즈 형태의 GUESS 놀이 학습으로 구성했어요.

꿈 많은 어린이에게 더 넓은 세상 보여 주는 나라 백과!

어느 나라일까요? 여러 힌트를 보고 알아맞혀 보세요.
세계 곳곳에 있는 40개 나라의 다양한 문화와 재미있는 이야기가 펼쳐진답니다.
퀴즈를 풀다 보면 마치 그 나라에 다녀온 것처럼 상식이 풍부해집니다.
세계를 보는 눈을 넓히고 문화에 대한 상대성을 이해하는 데 도움이 되지요.

 제시된 놀이 방법 외에도 아이에게 문제를 내게 하는 등 다양한 방법으로 활용해 보세요. 아이는 문제를 내기 위해 깊이 관찰하고 정보를 정리하며, 힌트를 말하면서 어휘력과 표현력이 풍부해집니다.

차례

- 알고 보면 더 재미있는 나라 … 10
- 이렇게 분류했어요 … 12

01 영국 … 13
02 중국 … 19
03 프랑스 … 25
04 미국 … 31
05 일본 … 37
06 이집트 … 43
07 독일 … 49
08 인도 … 55
09 이탈리아 … 61
10 그리스 … 67

11 캐나다 … 73
12 에티오피아 … 79
13 타이 … 85
14 러시아 … 91
15 네덜란드 … 97
16 오스트레일리아 … 103
17 베트남 … 109
18 멕시코 … 115
19 뉴질랜드 … 121
20 노르웨이 … 127

- ㉑ 대한민국 ⋯ 133
- ㉒ 오스트리아 ⋯ 139
- ㉓ 스위스 ⋯ 145
- ㉔ 브라질 ⋯ 151
- ㉕ 포르투갈 ⋯ 157
- ㉖ 사우디아라비아 ⋯ 163
- ㉗ 스웨덴 ⋯ 169
- ㉘ 스페인 ⋯ 175
- ㉙ 터키 ⋯ 181
- ㉚ 콜롬비아 ⋯ 187

- ㉛ 남아프리카공화국 ⋯ 193
- ㉜ 체코 ⋯ 199
- ㉝ 이스라엘 ⋯ 205
- ㉞ 칠레 ⋯ 211
- ㉟ 핀란드 ⋯ 217
- ㊱ 헝가리 ⋯ 223
- ㊲ 이라크 ⋯ 229
- ㊳ 폴란드 ⋯ 235
- ㊴ 가나 ⋯ 241
- ㊵ 필리핀 ⋯ 247

- 나라 이름 맞히기 ⋯ 254
- 한눈에 보는 나라 ⋯ 258
- 찾아보기 ⋯ 261

이렇게 분류했어요

이 책에 실린 40 나라는 내용 구분을 위해 대륙에 따라 다음의 다섯 가지로 분류했습니다.

유럽

영국/ 프랑스/ 독일/ 이탈리아/ 그리스/ 러시아/ 네덜란드/ 노르웨이/ 오스트리아/ 스위스/ 포르투갈/ 스웨덴/ 스페인/ 체코/ 핀란드/ 헝가리/ 폴란드

아시아

중국/ 일본/ 인도/ 타이/ 베트남/ 대한민국/ 사우디아라비아/ 터키/ 이스라엘/ 이라크/ 필리핀

북·남 아메리카

미국/ 캐나다/ 멕시코/ 브라질/ 콜롬비아/ 칠레

아프리카

이집트/ 에티오피아/ 남아프리카공화국/ 가나

오세아니아

오스트레일리아/ 뉴질랜드

GUESS 01

어디일까요?

첫 번째 힌트	★ 수도는 **런던**이에요.
두 번째 힌트	★ **안개의 나라**라고 불리지요.
세 번째 힌트	★ 여왕을 지키는 멋진 **근위병**이 있지요.
네 번째 힌트	★ **빨간 이층 버스!**
다섯 번째 힌트	★ 해가 지지 않는 나라!
결정적 힌트	"신사의 나라"

United Kingdom

영국

● 대륙 : 유럽
● 기후 : 서안 해양성 기후
● 언어 : 영어
● 면적 : 24만 3,610㎢

영국

해가 지지 않는 나라
영국

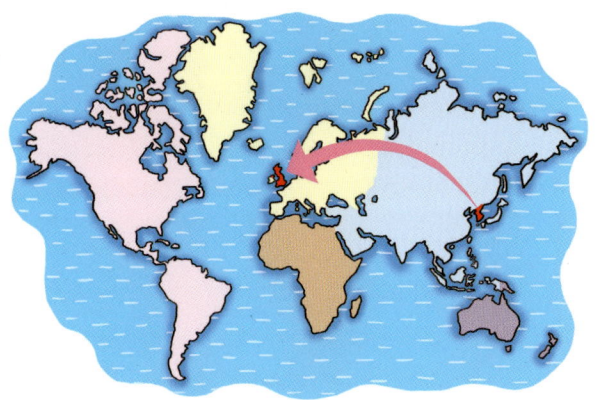

영국은 **해가 지지 않는 나라**래요.
그렇다고 저녁에도 해가 지지 않는다는 말은 아니에요.
  옛날에 영국은 많은 나라를 거느렸어요.
그래서 해가 어디에 있든 영국이 거느리는 땅을 비추어서
이런 말이 생겼지요. 영어가 지금처럼 세계 어디에서나 통하는
말이 된 것도 어디든 영국의 땅이 있었기 때문이랍니다.
  지금의 영국은 그리 크지 않은 **섬나라**예요.
  하지만 여전히 *근위병들이 **여왕**이 사는 성을 지키고 있지요.
이 모습을 보면 화려했던 영국의 옛 모습을 쉽게 상상할 수 있어요.
  각종 스포츠의 규칙을 만들어 세계 대회를 개최하기도 한 영국.
영국이 없었다면 지금처럼 세계인이 한자리에 모여 축구를 구경할
수 있었을까요?

***근위병** : 가까이에서 왕을 보호하고 지키는 군인을 말해요.

영국 탐험

01 타워브리지

끼기기긱… 어? 이게 무슨 소리일까요?
런던 템스강에 있는 타워브리지가 움직이는 소리예요.
브리지(Bridge)는 '다리'라는 뜻이지요? 평소에는 다른 다리처럼 사람이나 자동차가 지나다니지만, 큰 배가 지나가야 할 때는 뱃길을 열어 주려고 무게가 1,000톤이나 되는 다리를 들어 올려요.
게다가 이 다리는 동화에 나오는 궁전처럼 아름답기까지 하답니다.

02 빨간색 이층 버스

"우와!! 버스가 이층이다!"

뛰뛰빵빵!
영국에서는 빨간색 이층 버스를 볼 수 있지요. 지금은 관광을 위해 달리고 있지만, 예전에는 영국 사람들의 중요한 *교통수단이었답니다.

*교통수단 : 사람이나 짐을 옮기는 데 쓰는 도구예요.

03 버킹엄 궁전을 지키는 근위병

"여왕님은 내가 지킨다!"

버킹엄 궁전은 여왕이 사는 곳이에요. 영국을 여행하는 사람들은 꼭 이 궁전에 들르지요. 여왕을 보기 위해서냐고요? 아니요! 빨간색 옷을 입고 성을 지키는 근위병들을 보기 위해서지요.

01

02

03

옛날 영국 신사들은 팬티를 안 입었대요.
왜 그랬을까요?

01 팬티 살 돈이 없어서

02 날마다 갈아입기 귀찮아서

03 팬티를 입으면 양복 입은 모습이 안 예뻐서

04 날씨가 더우면 땀띠가 많이 나니까

생각 키우기

옛날 영국 신사들은 양복 안에 팬티를 안 입었어요. 왜 그랬을까요? **옛날에는 지금과 달리 팬티를 두꺼운 천으로 만들었어요. 그래서 양복을 입으면 툭 불거져 나와 보기가 싫었지요.** 멋쟁이 영국 신사들은 그 모습이 멋스럽지 않다며 아예 팬티를 안 입었다고 해요.

정답 ❸

GUESS 02 어디일까요?

- **첫 번째 힌트** ★ 수도는 **베이징**이에요.
- **두 번째 힌트** ★ 땅이 **넓어요.**
- **세 번째 힌트** ★ 세계에서 **인구수가 가장 많은** 나라.
- **네 번째 힌트** ★ 아주 긴 성, **만리장성**이 있지요.
- **다섯 번째 힌트** ★ **차이나타운!**

결정적 힌트 "탕수육, 라조기 맛있다 해!"

China

중 → ㅈㄱ

- 대륙 : 아시아
- 기후 : 습윤, 아열대, 건조 기후
- 언어 : 중국어
- 면적 : 959만 6,960㎢

중국

문화의 중심인 나라
중국

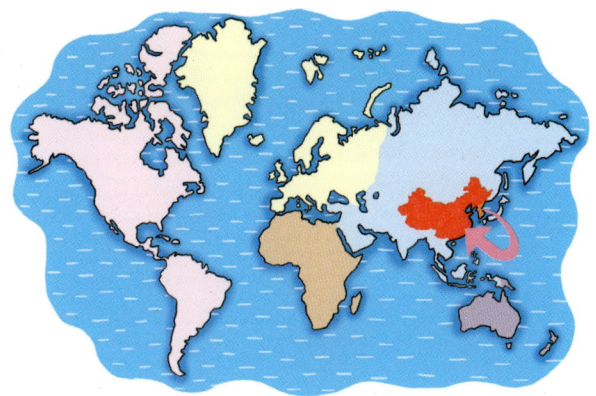

중국의 정식 이름은 **중화인민공화국**이에요.

여기에서 나오는 **중화**라는 말은 중국이 3천 년 전부터 나라 이름에 써 왔던 단어예요.

모두 한자인데, 그 뜻을 풀어 보면 '중'은 중심, '화'는 문화, 그래서 **문화의 중심**이라는 뜻이지요.

정말 자부심이 대단하지요?

중국이 이렇게 문화에 자신이 있었던 이유는 아마도 아주 옛날, 중국에서 두 번째로 큰 강인 **황허강**을 중심으로 발달한 *고대 문명과 관련이 있을 거예요.

또, **한자**를 만든 점을 들 수 있지요. 한자는 오늘날에도 사용하는 글자로 우리나라를 비롯한 여러 *동아시아 문화의 토대를 이루고 있답니다.

*고대 문명 : 인간이 지혜로워져서 그들의 생활이 더 풍요롭고 편리해진 옛 시기를 말해요.
*동아시아 : 한국, 중국, 일본 등이 자리 잡은 지역이에요.

중국 탐험

01 요리의 천국

　중국은 땅이 매우 넓어서 요리를 만들 수 있는 재료가 다양해요.
그래서 일찍부터 요리가 발달했지요.
지역마다 기후나 *풍토가 달라 요리의 특징도 달라요.
사천요리, 상해요리, 광둥요리, 북경요리로 나뉘어요.
그런데 어디에도 자장면과 짬뽕은 없대요.
자장면과 짬뽕은 중국요리에서
힌트를 얻은 우리나라 사람들이
한국 사람들의 입맛에
맞게 만든 요리예요.

*풍토 : 날씨와 땅의 상태를 말해요.

02 쿵후와 우슈

쿵후는 중국에서 세계 곳곳으로 퍼진 무술이에요. 영화에도 많이 나오지요. 우슈는 중국의 전통 무술로 아시안 게임의 정식 종목이랍니다.

"아뇨오~! 아뇨오~!"

03 만리장성

만리장성은 길이가 무려 2,700킬로미터나 된대요. 얼마나 긴지 서울에서 부산을 세 번 오간 거리보다 더 길지요. 게다가 옆으로 뻗어 나온 성벽의 길이까지 합하면 6,400킬로미터 정도래요. 정말 길죠? 사람이 만든 건축물 중에서 최고랍니다.

"서울에서 부산을 세 번 오간 거리보다 길다고?"

옛날 중국에서는 여자아이의 발을 천으로 꽁꽁 동여맸어요. 왜 그랬을까요?

01 발을 자주 다쳐서

02 신발이 없어서

03 발을 작게 하려고

04 발 닦기 귀찮아서

생각 키우기

오래전 중국에서는 '전족'이라는 풍습이 있었어요. 여자아이가 3~6세가 되면 발이 더 자라지 않도록 천으로 동여맸어요. 발 크기는 10cm 정도가 적당하다고 여겼기 때문이에요. 억지로 발이 크는 것을 막았기 때문에 몸에 비해 발이 작아 제대로 서거나 걷지도 못하는 고통을 겪었다고 해요.

GUESS 03

어디일까요?

첫 번째 힌트	★ 수도는 **파리**예요.
두 번째 힌트	★ **문화와 예술**의 나라.
세 번째 힌트	★ 이 나라의 노래는 **샹송**이래요.
네 번째 힌트	★ 음~ 맛있는 **요리**!
다섯 번째 힌트	★ **에펠탑**이 있는 나라!

결정적 힌트: "봉주르 ~ 마드무아젤"

France

프 ㄹ ㅅ

- 대륙 : 유럽
- 기후 : 해양성, 대륙성, 지중해성 기후
- 언어 : 프랑스어
- 면적 : 67만 4,843㎢

25

프랑스

예술과 문화의 중심지
프랑스

옛날에는 프랑스에도 왕이 있었어요.

그중 **루이 14세**는 '**짐이 곧 국가다.**'라고 말할 정도로 나라의 힘과 재산을 독차지했던 왕이었지요.

루이 14세는 자신의 힘을 뽐내려고 늘 주변에 사람들이 모이는 것을 좋아했어요. 여러 사람이 모이다 보니 프랑스 **궁전**을 중심으로 **유행**이 만들어지기 시작했답니다.

왕이 좋아하는 춤이 발레가 되고, 왕이 좋아하는 요리는 누구나 먹고 싶어 했지요.

그렇게 만들어진 문화가 자연스럽게 유럽에 전해지면서 프랑스는 문화의 중심지가 될 수 있었어요. 또한, 여유로운 문화 속에서 다양한 ***예술**을 꽃피울 수 있었지요.

지금도 세계 곳곳에서 화가와 디자이너들이 프랑스로 모여들고 있답니다.

***예술** : 아름다운 작품이나 아름다움을 표현하려는 활동을 이르는 말이에요.

프랑스 탐험

01 베르사유 궁전

처음 이 궁전은 루이 13세가 사냥하던 장소였대요.

루이 14세는 자신의 힘을 과시하기 위해 이곳에 커다란 정원과 함께 화려하고 큰 궁전을 지었어요. 그는 각 지방에 사는 *영주들을 불러 일주일에 세 번씩 사치스러운 파티를 열었지요. 아름답고 화려하게 조성된 궁전 정원을 거닐다 보면 왕족이 된 듯한 착각이 든답니다.

*영주 : 옛날에 각 지방에서, 그곳의 땅을 소유하며 그 지방을 다스리던 사람을 말해요.

02 에펠 탑

"와~ 높다!"

파리에서 열리는 *만국 박람회를 기념해서 1889년에 건축가 에펠이 만든 탑이에요. 그전에 만든 어떤 건물보다도 높아요. 지금은 파리를 대표하는 건물이 되었답니다.

*만국 박람회 : 세계 각국이 자기 나라의 산업 성과나 기술을 전시, 공개하는 국제적인 박람회예요.

03 루브르 박물관

고대부터 현대에 이르기까지 세계 각지에서 수집한 다양한 미술품이 전시된 세계 최대의 박물관이에요. 계획을 세우고 둘러보아도 일주일은 봐야 할 정도로 어마어마한 규모랍니다.

"우와~! 언제 다 둘러보지?"

정말? 정말!

옛날에는 베르사유 궁전에 화장실이 없었대요. 그럼 어떻게 볼일을 해결했을까요?

01 궁전 밖으로 나가서 싸고 온다

02 작은 그릇이 들어 있는 주머니를 들고 다닌다

03 볼일을 보지 않으려고 먹지 않았다

04 볼일 보는 마차가 따로 다녀서 그곳에서 본다

생각 키우기

화장실을 무척 더럽게 생각했던 프랑스 왕은 **베르사유 궁전처럼 아름다운 건물에 화장실은 필요 없다고 생각했답니다.** 그래서 사람들은 정원을 비롯해 눈에 띄지 않는 **곳이라면 어디서든 볼일을 봤지요.** 여자들은 폭이 넓은 드레스를 입고, 작은 그릇을 넣은 주머니를 들고 다니다 드레스 안에서 볼일을 보기도 했대요.

정답 ❷

GUESS 04 어디일까요?

첫 번째 힌트	★ 수도는 **워싱턴 D.C!**
두 번째 힌트	★ 옛날에는 **인디언**이 살았어요.
세 번째 힌트	★ **미키마우스**와 **월트디즈니**가 있어요!
네 번째 힌트	★ **영어**와 **달러**를 쓰는 나라!
다섯 번째 힌트	★ **햄버거와 콜라**가 유명해요.

결정적 힌트 "자유의 여신상"

United States of America

미 ㅁㄱ

● 대륙 : 아메리카 ● 언어 : 영어
● 기후 : 온대와 냉대 기후(본토) ● 면적 : 982만 6,675㎢

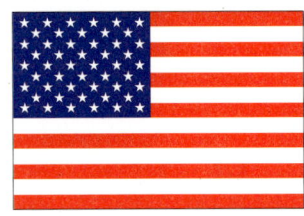 

미국

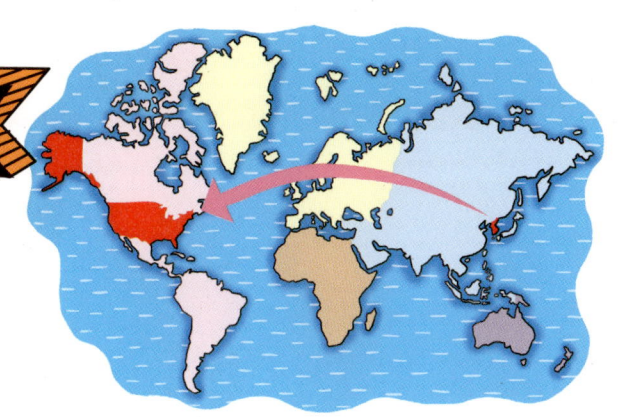

　미국은 원래 **인디언**들이 살던 땅이에요.
　어느 날, 새로운 땅을 찾아 나선 **콜럼버스**가 이곳을 발견해서 유럽 사람들이 옮겨 와 살기 시작했어요.
　주인이 없는 땅이라고 생각했거든요.
유럽 사람들은 일하는 사람이 부족하다며 아프리카에 사는 **흑인**들을 마구 잡아 와 억지로 일을 시키기도 했어요.
　이렇게 노예가 된 흑인들은 전쟁을 치르고 나서야 비로소 자유를 찾을 수 있었답니다.
　우리와 같은 아시아인은 **제1차 세계대전**을 치를 무렵부터 미국에 가서 살기 시작했어요.
　여러 나라에서 다양한 ***인종**의 사람들이 모여들면서 미국은 겨우 2백 년 만에 세계에서 가장 힘센 나라가 되었답니다.

***인종** : 피부색이나 머리카락 색 등 생김새에 따라 나눈 사람의 집단을 말해요.

미국 탐험

01 월트 디즈니 월드

세계에서 가장 큰 놀이동산이에요.
〈미키 마우스〉, 〈백설 공주〉 등 유명한 만화 영화를 만든 월트 디즈니가 어린이뿐 아니라 어른도 자유롭게 즐길 수 있게 만들었다고 하네요.
신나는 놀이 기구와 알록달록 예쁜 성들까지! 볼거리와 즐길 거리가 넘쳐나는 곳이에요.

"신나게 놀아 볼까?"

"엘리베이터까지 있다고?"

02 자유의 여신상

이 동상은 오른손에는 횃불을, 왼손에는 독립선언서를 들고 있어요. 미국의 독립 100주년을 기념하고자 프랑스에서 만들어 준 것이랍니다. 안에는 엘리베이터가 있어 머리 부분까지 올라갈 수 있어요.

03 러시모어산의 큰 바위 얼굴

러시모어산에 있는 거대한 바위에는 미국을 세우고 발전시키는 데 큰 힘을 보탠 대통령들의 모습이 조각되어 있어요. 각각의 얼굴 크기는 무려 18미터나 되고 코 길이는 6미터나 된대요.

얼굴 한번 정말 크죠? 그런데 왜 산꼭대기에 있을까요? 사실은 이 주변에 특별한 볼거리가 없어서 일부러 만들었다고 하네요.

"볼거리가 없어 산을 깎았다고?"

미국의 국기에는 별이 50개나 있어요.
그 이유는 무엇일까요?

01 위엄 있게 보이려고

02 미국 위인들의 수

03 미국 주(州)의 개수

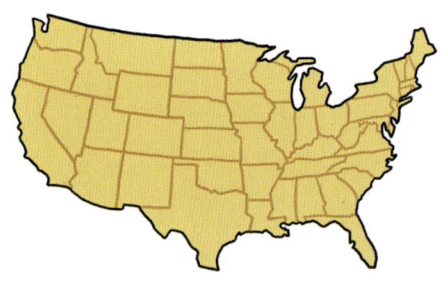

04 별 모양을 좋아해서

생각 키우기

지금 미국의 국기를 잘 들여다보세요. 총 50개 별이 보일 거예요. **이것은 미국에 있는 50곳의 '주'를 나타내요.** 우리나라의 충청도, 전라도 같은 '도' 정도로 생각하면 되지요. 처음에는 '주'의 수가 열세 개여서 국기에 파란색과 하얀색의 줄로 나타냈어요. 그런데 점점 '주'의 개수가 늘어나 별로 표시하게 되었답니다.

정답 ❸

GUESS 05

어디일까요?

첫 번째 힌트	★ 수도는 **도쿄**예요.
두 번째 힌트	★ 덜덜! 언제 **지진**이 일어날지 몰라요!
세 번째 힌트	★ 앗! 뜨거워! **온천**이 많아요.
네 번째 힌트	★ 아름다운 **히메지 성**이 있어요.
다섯 번째 힌트	★ 기모노!

 **결정적 힌트** "한국은 씨름, ○○은 스모"

Japan

일 → ㅇㅂ

- **대륙** : 아시아
- **기후** : 대부분 온대다우 기후
- **언어** : 일본어
- **면적** : 37만 7,915㎢

일본

가깝고도 먼 나라
일본

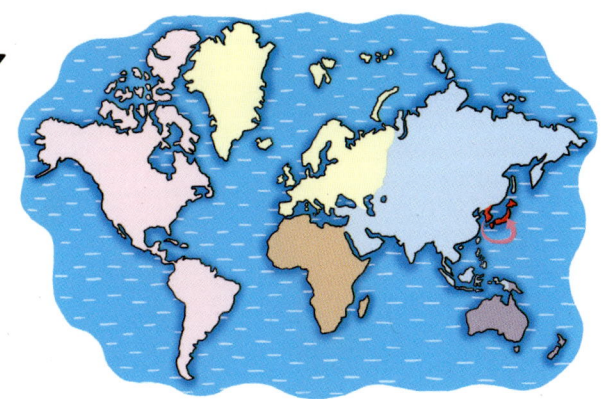

　우리나라 남해안에서 바다를 건너면 바로 일본이 있어요.
거리가 가까워서 그런지 옛날부터 두 나라 사람들은
서로 바다를 오가며 문화를 주고받았지요. 문화 면에서 영향을
주고받아 우리와 비슷한 점이 참 많답니다.
　하지만 다른 점도 있어요. 일본은 우리나라와 달리
섬으로 이루어진 나라예요. 4개의 **큰 섬**과 500여 개의
작은 섬으로 이루어졌지요. 자연환경이 다르다 보니
음식은 물론 사람들의 성격이나 생각도 많이 다르답니다.
　그래서 일본을 **가깝고도 먼 나라**라고도 해요.
　여전히 두 나라는 가끔 생각의 차이를 느껴요.
하지만 서로 도우며 가까워지려고 노력하지요.
그 결과, 지난 **2002**년에는 함께 *월드컵을 열어
세계인이 한자리에 모이는 큰 행사를 성공적으로 치러냈답니다.

*월드컵 : 세계 여러 나라 선수가 모여 함께 겨루는 스포츠 대회를 말해요.
　　　　4년마다 열리는 축구 대회가 대표적이랍니다.

일본 탐험

01 스모

스모는 둘이서 겨루는 일본의 전통 씨름 경기예요. 예의를 굉장히 중요시하지요. 겉보기에는 우리나라의 씨름과 비슷하지만 사용하는 기술은 서로 달라요. 스모는 두 사람이 서로 맞잡고 넘어뜨리거나 경기장 밖으로 밀어내며 힘과 기술을 겨뤄요. 선수들의 독특한 머리 모양과 옷차림이 무척 인상적이랍니다.

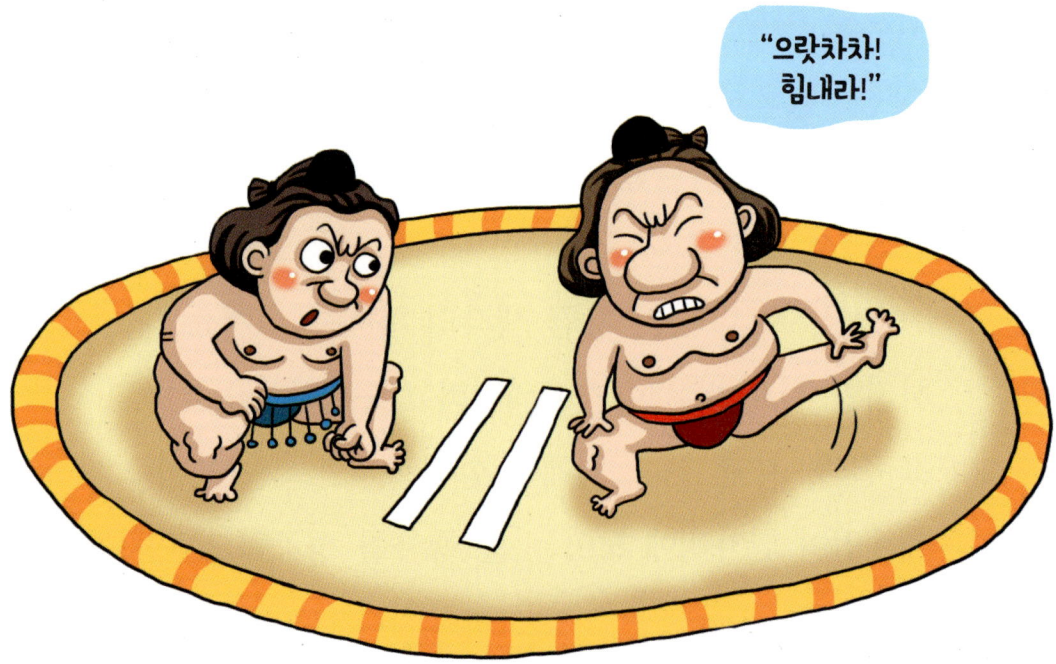

02 하코네

"아~시원하다"

*온천으로 유명한 일본의 대표적인 관광 지역이에요. 그런데 왜 어른들은 뜨거운 물에 몸을 담그면 시원하다고 할까요?
정말 시원한지 하코네에 한번 가 볼까요?

*온천 : 땅속에 있는 열 때문에 따뜻한 물이 자연적으로 나오는 샘이에요.

03 히메지 성

"백로를 닮았다고?"

일본에서 가장 아름다운 성이에요.
흰색 벽과 날개 모양의 지붕이
마치 백로와 같다고 하네요.
사실 벽을 흰색으로 칠한 까닭은
나무로 지은 성이 불에 잘 타지 않도록
석회를 바른 거래요.

01

02

03

생선 초밥에는 매운맛이 나는 '고추냉이'를 넣어요. 그 이유는 무엇일까요?

01 생선의 비린내를 없애려고

02 색깔을 맞추려고

03 고추냉이 농사를 도우려고

04 생선을 잘 붙게 하려고

생각 키우기

고추냉이는 매운맛이 나는 식물이에요. 생선 초밥에 고추냉이가 들어가는데, 생선 비린내를 없애 주기 때문이에요. 고춧가루나 후춧가루로도 비린내를 없앨 수 있지만 생선 초밥 고유의 맛까지 못 느끼게 만들어요. **고추냉이의 매운맛은 생선 비린내와 함께 입안에서 사라지기 때문에 초밥의 맛을 그대로 느낄 수 있답니다.**

정답 ❶

GUESS 06 어디일까요?

첫 번째 힌트	★ 수도는 **카이로**예요.
두 번째 힌트	★ 최고 미녀인 **클레오파트라의 고향!**
세 번째 힌트	★ 왕을 **파라오**라고 불러요.
네 번째 힌트	★ 사람의 얼굴 + 사자의 몸 = **스핑크스**
다섯 번째 힌트	★ 죽은 사람을 미라로 만들죠.
결정적 힌트	"**피라미드**"

Egypt

이 → ㅇㅈㅌ

- 대륙 : 아프리카
- 기후 : 건조 기후, 지중해성 기후
- 언어 : 아랍어
- 면적 : 100만 1,450km²

이집트

신비의 나라
이집트

이집트는 모래바람이 부는 사막에 있어요.

그런데 어떻게 사람이 살 수 있냐고요?

모두 **나일강** 덕분이에요. **세계에서 두 번째로 긴 강**인 나일강의 주변은 강물이 줄었다 늘었다 하면서 농사짓기에 알맞은 땅이 되었지요. 그 때문에 일찌감치 사람들이 모여들어 살기 시작했어요.

이 지역 사람들은 **피라미드**나 **스핑크스**처럼 신비한 건축물들을 지었어요. 게다가 *상형 문자도 만들고 *천문학 같은 과학도 발전시켰지요.

그래서 이곳을 고대 문명이 시작된 지역이라고 말해요. 오늘날에도 많은 사람이 이집트를 주제로 끊임없이 연구해요. 하지만 이집트는 여전히 풀리지 않은 의문들이 남아 있는 신비의 나라랍니다.

***상형 문자** : 물체의 모양을 본떠서 만든 글자예요.
***천문학** : 우주에 떠 있는 모든 것을 공부하는 학문이에요.

이집트 탐험

01 피라미드

  옛날 이집트 사람들은 태양신을 섬겼어요. 또 그들에게 왕은 태양신만큼이나 중요한 존재였지요. 그래서 왕이 죽으면, 죽은 왕의 무덤이 태양과 가까워지도록 돌을 쌓아 50미터가 넘는 커다란 무덤을 만들었어요. 산처럼 뾰족한 모양을 하고 있지요.
  이것이 바로 피라미드예요. 그 크기가 얼마나 큰지, 가장 큰 피라미드는 10만 명이나 되는 사람이 번갈아 가며 20년 동안 만들었대요.
  옛날에는 기계도 없었는데 무척 힘들었겠죠?

02 스핑크스

"넌 누구냐?"

마치 피라미드를 지키는 것처럼 그 앞에 늠름하게 자리 잡은 돌상이 스핑크스예요. 왕의 얼굴을 닮은 머리에 짐승의 몸을 하고 있지요.

그리스 신화에 나오는 괴물로도 유명하답니다.

03 수에즈 운하

"여기가 지름길이야!"

운하는 큰 배가 다닐 수 있도록 땅을 파서 바다와 이어 만든 물길이에요. 이것 덕분에 많은 나라의 배들이 다른 나라에 갈 때 멀리 돌아서 가지 않아도 된답니다.

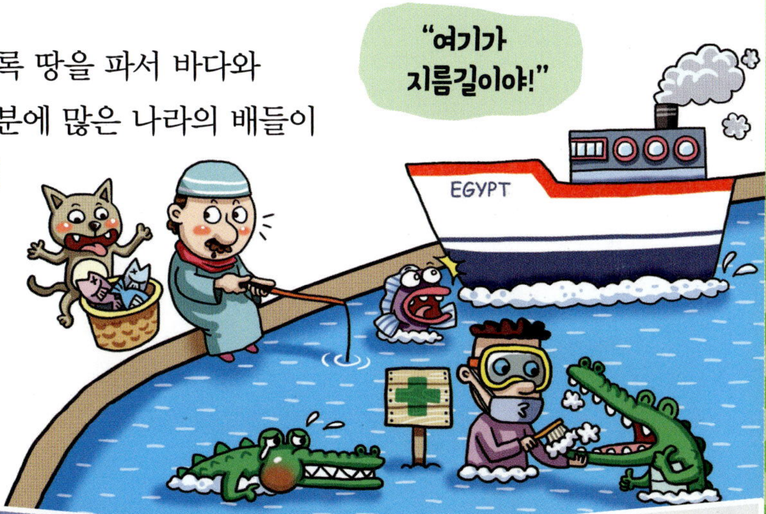

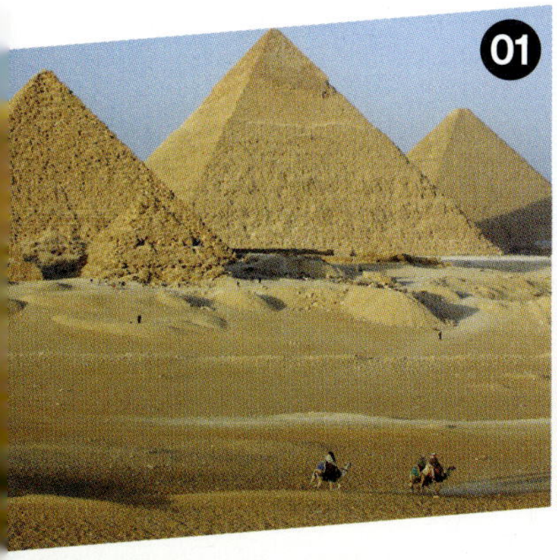

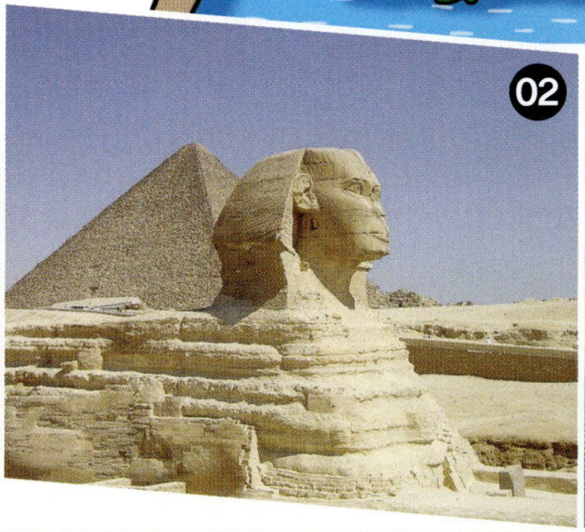

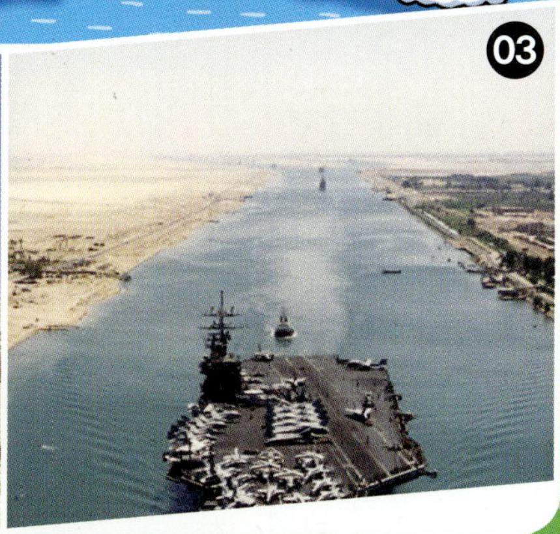

정말? 정말!

옛날 이집트 사람들은 파란색 가루를 눈꺼풀에 발랐대요. 왜 그랬을까요?

01 멋을 부리려고

02 눈을 보호하고 파리를 쫓으려고

03 멍이 든 것을 감추려고

04 다른 나라 사람들을 겁주려고

생각 키우기

이집트는 한낮에 내리쬐는 태양이 눈이 아플 정도로 강해요. 그런데 파란색 가루를 눈꺼풀에 바르면 빛이 조금 부드러워져서 눈을 보호해 주지요. 그래서 이집트에서는 여자뿐만 아니라 남자도 '공작석'이라는 돌을 잘게 부순 파란 가루를 발랐어요. **특히 이 가루에는 살충제로도 사용되는 '탄산동'이라는 성분이 들어 있어 파리를 쫓아내는 효과도 있었답니다.**

정답 ❷

GUESS 07 어디일까요?

첫 번째 힌트	★ 수도는 **베를린**이에요.
두 번째 힌트	★ **장벽**을 허물고 **통일**을 이루었지요.
세 번째 힌트	★ 『그림 동화』를 쓴 **그림 형제**!
네 번째 힌트	★ **자동차**를 잘 만들기로 소문났어요.
다섯 번째 힌트	★ 괴테와 베토벤의 나라!

결정적 힌트 "맥주와 소시지"

Germany

독 → ㄷㅇ

- 대륙 : 유럽
- 기후 : 해양성, 대륙성 기후
- 언어 : 독일어
- 면적 : 35만 7,022㎢

독일

베를린 장벽을 무너뜨린 나라
독일

독일 사람들은 자기네 나라 이름을 뭐라고 부를까요?

당연히 독일이라고요? 아니에요. 독일은 우리나라에서 부르는 이름이고 원래 이름은 **도이칠란트**예요.

많은 나라가 그렇듯이 독일은 전쟁의 상처가 깊은 나라예요. **세계대전**이라고 부르는 두 번의 큰 전쟁에 뛰어들었다가 모두 지고 말았거든요. 그래서 독일 사람들은 가난에 허덕여야 했어요.

게다가 ***베를린 장벽**을 사이에 두고 동과 서로 나뉘었지요. 그중 서독은 전쟁의 아픔을 딛고 일어선 인내심과 성실함으로 세계에서 손꼽히는 부자가 되었어요.

결국, 그 부를 바탕으로 베를린 장벽을 무너뜨리고 통일을 이루어 냈지요. 아직도 독일 사람들은 전쟁에 대한 아픔을 지우지 못한대요.

***베를린 장벽** : 1961년 8월, 독일이 동서로 나뉘면서 동베를린과 서베를린 사이에 놓인 벽을 말해요.

독일 탐험

할로~

01 그림 형제

백설 공주, 개구리 왕자, 브레멘 음악대, 헨젤과 그레텔, 빨간 모자, 엄지 공주……. 한 번쯤은 들어 본 동화 제목들이죠? 모두 그림 형제의 동화집에 나오는 이야기예요. 그렇다고 여기에 나오는 이야기를 모두 그림 형제가 쓴 것은 아니에요. 옛날부터 전해 오는 재미있는 이야기들을 모아 책으로 엮은 거지요. 독일에 가면 이 이야기들의 배경이 되는 성이나 마을을 볼 수 있답니다.

"재미있는 이야기는 모두 모아라!"

"언제 이 많은 소시지를 다 먹어 보지?"

02 소시지

겨울이 긴 독일에서는 돼지고기를 겨울 식량으로 보관했답니다. 먹기 좋은 부위는 고기로 먹고, 나머지로 햄, 베이컨, 소시지를 만들었어요. 그중 소시지가 발달해서 그 종류가 1,500가지가 넘는다네요!

03 아우토반

자동차 왕국인 독일에 있는 고속 도로예요. 거리가 무려 11,000킬로미터나 되지요. '이 도로에서는 얼마든지 빨리 달려도 된다.'라고 알려져 있지만, 사실은 속도가 정해진 곳이 곳곳에 많답니다.

"빨리 가는 것보다 안전이 더 중요해!"

독일의 항구 도시 함부르크는 음식 이름과 관련이 있답니다. 어떤 음식일까요?

01 소시지

02 맥주

03 생선구이

04 햄버거

생각 키우기

함부르크라는 철자를 영어식으로 읽으면 햄버거예요. **옛날부터 함부르크 사람들은 돼지고기나 소고기를 다져서 익혀 먹었대요.** 우리가 알고 있는 햄버거의 생김새와 조금 다르지만, 이 요리가 미국으로 건너가 햄버거라고 불리게 된 것이지요. 그리고 시간이 흘러 점점 모양이 바뀌어 지금과 같은 햄버거가 되었답니다.

정답 ❹

GUESS 08 어디일까요?

- **첫 번째 힌트** ★ 수도는 **뉴델리**예요.
- **두 번째 힌트** ★ **관세음보살! 불교가 생겨난 곳**이래요.
- **세 번째 힌트** ★ 사람보다 **소가 더 중요**해요.
- **네 번째 힌트** ★ **맨손으로 밥을 먹어요.**
- **다섯 번째 힌트** ★ **모두 요가를 잘할 것 같아요.**

결정적 힌트 "카레"

India
인
ㅇㄷ

- ●대륙 : 아시아
- ●기후 : 열대몬순 기후
- ●언어 : 힌디어, 영어
- ●면적 : 328만 7,263㎢

 인도

신들의 나라
인도

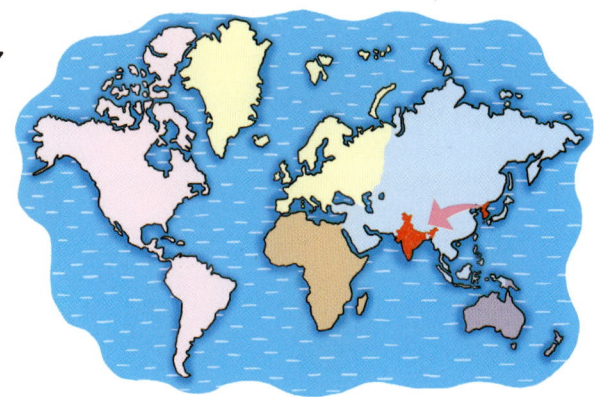

나마스테는 "안녕하세요!"라는 인사예요.

이 말 속에는 '내 안의 신이 당신 안에 있는 신에게 감사 드린다.'라는 뜻이 담겨 있대요. 인사말만 봐도 알 수 있듯이 인도에서는 신이 무엇보다 중요해요. 게다가 셀 수 없을 정도로 신이 많지요. 인도의 70% 사람들이 믿는 힌두교에서는 소를 신성시해 소고기를 먹지 않아요.

인도 사람들을 보면 늘 생각에 잠긴 것처럼 천천히 움직여요. 하는 일이라고는 **수행**하는 게 전부인 것만 같지요. **요가** 동작을 봐도 알 수 있어요.

그래서 인도를 과학과는 거리가 멀다고 생각하는 사람들이 많아요.

놀랍게도 인도는 1980년에 처음으로 ***인공위성**을 발사할 정도로 과학이 발전한 나라랍니다.

***인공위성** : 지구에서 사람이 쏘아 올려 지구 둘레를 도는 물체예요.

인도 탐험

01 갠지스강

 갠지스강은, 인도 사람들이 굉장히 신성하게 여기는 강이에요. 고대 인도의 문명이 시작된 곳이라는 믿음 때문이지요. 그래서 인도 사람들은 갠지스강에서 목욕을 하면 모든 죄가 씻긴다거나, 죽은 뒤에 이 강물에 뼛가루를 뿌리면 좋은 곳으로 간다고 믿어요. 지금도 이곳에 가면 한쪽에서는 시체를 태우고 다른 한쪽에서는 목욕하는 장면을 볼 수 있답니다.

"무덤 때문에 나라가 망할 뻔했다고?"

02 타지마할

타지마할은 '마할의 왕관'이라는 뜻이에요. 옛날에 '샤자한'이라는 황제가 있었대요. 이 황제는 마할이라는 아내를 무척 사랑했는데, 어느 날 마할이 그만 죽고 말았어요. 아내의 죽음을 슬퍼하며 궁전처럼 아름다운 무덤을 만들어 준 것이지요. 하지만 너무 화려하게 짓는 바람에 나라의 살림이 어려울 정도였다고 하네요.

03 아잔타 석굴

"인도 예술의 보물 창고"

돌로 이루어진 산을 오랜 시간에 걸쳐 파내어 만든 불교 동굴 사원이에요. 동굴 벽면에 있는 많은 *불상을 보면 옛날 인도의 예술을 감상할 수 있지요.

*불상 : 부처의 모습을 말해요.

01

02

03

인도 사람들은 똥을 누고 무엇으로 닦을까요?

01 양말

02 물

03 닦지 않는다

04 바람에 말린다

생각 키우기

혹시 인도 사람들은 손으로 똥을 닦는다는 이야기를 들어 본 적 있나요? **하지만 그건 많은 사람의 오해랍니다. 인도 사람들은 물로 똥을 닦아 내요.** 이때 손을 사용하기 때문에 손으로 닦는다고 생각하는 것이지요. 중요한 것은 화장실에서는 반드시 왼손을 사용한다는 거예요. 오른손은 밥을 먹는 중요한 손이기 때문이지요.

정답 ❷

GUESS 09 어디일까요?

첫 번째 힌트	★ 수도는 **로마**예요.
두 번째 힌트	★ 옛날에 사자와 싸우던 **경기장**이 있지요.
세 번째 힌트	★ 으악~! **기울어진 탑**이 있어요.
네 번째 힌트	★ 나라가 **장화 모양**으로 생겼어요.
다섯 번째 힌트	★ 물 위에 집이 있는 베네치아의 나라!

 결정적 힌트 "**피자와 스파게티**"

Italy

이

ㅇㅌㄹㅇ

● 대륙 : 유럽
● 기후 : 온화한 지중해성 기후
● 언어 : 이탈리아어
● 면적 : 30만 1,340㎢

이탈리아

모든 길은 로마로 통한다
이탈리아

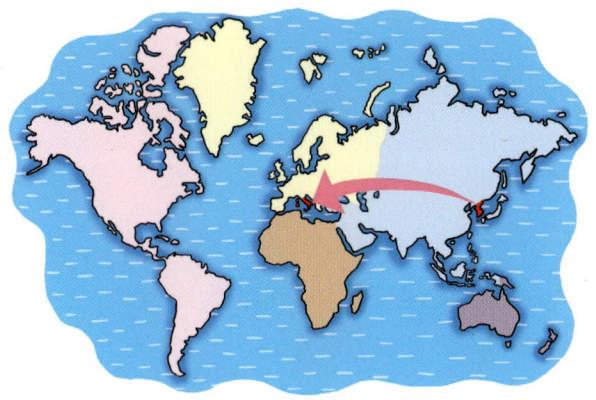

지금의 **로마**는 이탈리아의 수도에 불과하지만, 옛날에는 거대한 **로마 *제국**의 수도였어요.

로마는 무려 천 년 동안이나 유럽 전 지역을 **지배**했어요. 새로운 나라를 정복할 때마다 지배하기 쉽도록 가장 먼저 도로를 만들었다고 해요.

거미줄처럼 얽힌 도로지만 어느 길로 가든 결국은 로마에 도착한다는 뜻으로 '**모든 길은 로마로 통한다.**'라는 말까지 생길 정도였답니다. 이탈리아 사람들은 이런 역사를 자랑스럽게 여겨서 무척이나 자부심이 강하지요.

우리가 먹는 맛있는 **스파게티**와 **피자**, **아이스크림**은 이탈리아의 유명한 건축물만큼이나 여행객들에게 인기 만점이랍니다.

***제국** : 황제가 다스리는 나라를 말해요.

이탈리아 탐험

01 콜로세움

5만 명이 들어갈 수 있는 거대한 원 모양의 경기장이에요. 옛날, 죄를 지은 사람들에게 벌을 주는 장소로 사용되거나 검을 든 사람과 무서운 동물이 서로 싸우는 경기가 자주 열렸지요. 시간이 흘러 지진이나 벼락 때문에 건물 곳곳이 많이 무너지거나 없어져 버렸지만, 로마를 찾는 사람들은 이곳을 빠짐없이 들를 정도로 이탈리아를 대표하는 건축물이랍니다.

"으악! 탑이 무너지겠어!"

02 피사의 사탑

피사 대성당에 있는 8층짜리 둥근 종탑이에요. 1차 공사 이후 기울어짐이 발견되었대요. 그래서 중간에 다시 공사를 해도 자꾸만 기울어서 그대로 완성했다고 합니다.

03 피자와 스파게티

"짭짭! 후루룩~ 맛있는 이탈리아 요리!"

우리가 즐겨 먹는 피자는 원래 로마 시대에 납작하게 구워 먹던 빵이었어요. 이탈리아 나폴리로 건너오면서 이 빵에 토마토와 치즈를 얹어 먹기 시작했고 이것이 지금의 피자가 되었어요.
그 밖에 우리가 잘 아는 스파게티 역시 이탈리아 국수인 파스타의 한 종류랍니다.

01

02

03

우리나라 사람들은 때 미는 수건을 '이태리타월'이라 부르기도 해요. 왜 이렇게 부를까요?

01 이탈리아에서 수입한 실로 만들어서

02 이탈리아에서 만들어서

03 발명한 사람의 이름이 '이태리'라서

04 수건을 만든 회사 이름이 '이태리'여서

생각 키우기

이태리는 이탈리아를 부르는 또 다른 이름이에요. **부산에서 직물 공장을 하던 사람이 이탈리아에서 '비스코스'라는 실을 수입해 까슬까슬한 천을 만들었대요.** 1962년, 이 천을 가져다 우연히 때를 밀어 본 그의 친척이 손을 넣을 수 있게 바느질을 해서 특허를 받았지요. 그 뒤, 외국 이름을 붙이면 멋져 보인다는 생각에 처음 실을 수입한 나라의 이름을 따서 '이태리타월'이라고 불렀대요.

정답 ❶

GUESS 10

어디일까요?

첫 번째 힌트	★ 수도는 **아테네**예요.
두 번째 힌트	★ **올리브**가 많이 자라요.
세 번째 힌트	★ **큰 배를 가진 사람들**이 많대요.
네 번째 힌트	★ **신들의 집**이 많아요.
다섯 번째 힌트	★ **올림픽이 시작된 나라.**

결정적 힌트 "○○○ 신화"

Greece

그

→ ㄱ ㄹ ㅅ

● 대륙 : 유럽
● 기후 : 지중해성, 대륙성 기후
● 언어 : 그리스어
● 면적 : 13만 1,957㎢

그리스

그리스

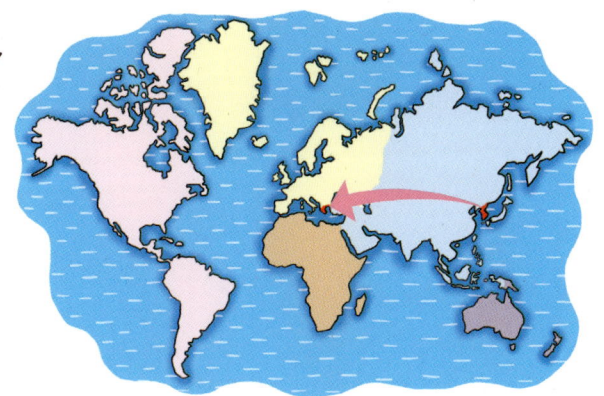

제우스, 헤라, 아프로디테! 그리스 신화에 나오는 신들의 이름이에요. 대부분 사람들은 '그리스' 하면 **그리스 신화**를 떠올려요.

그리스 사람들은 여전히 신화에 나오는 옷을 입고 ***신전**과 같은 건물에 살 것 같아요. 하지만 역사 속에 갇혀 있기보다는 더 행복한 내일을 준비하는 나라가 바로 그리스지요.

그리스는 높고 험한 산이 많은 북쪽 땅과 **170여 개의 섬**으로 이루어져 있어요. 그래서 바다, 땅, 하늘에 관련된 **교통**이 잘 발달한 나라예요.

아름다운 자연과 *조상이 남긴 **문화유산**, 그리고 발달한 **교통**을 지혜롭게 이용해 왔고, 지금도 경제 발전에 큰 힘이 되고 있답니다.

***신전** : 신령을 모셔서 성스럽게 여기는 장소예요.
***조상** : 자기가 사는 시대 이전에 살던 모든 사람을 말해요.

그리스 탐험

01 그리스 신화

그리스 신화는 아주 옛날부터 전해 내려오는 신과 영웅의 이야기예요. 신들의 이야기가 담긴 신화는 물론 영웅들의 활약이 돋보이는 역사적인 사건의 전설도 있지요. 서양의 문화는 그리스 신화를 바탕으로 만들어졌다고 해도 지나치지 않을 정도로 여러 분야에 많은 영향을 주었답니다.

"그리스에는 정말로 신들이 살았을까?"

"올림피아의 이름을 따서 올림픽이라고 부른다고?"

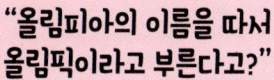 올림픽

올림픽은 4년마다 전 세계 사람들이 모여 서로 운동 실력을 겨루며 우정을 나누는 축제예요. 아주 옛날에 그리스 사람들이 올림피아에서 제우스 신에게 제사를 지내고 함께 운동 경기를 하는 것에서 비롯되었대요.

03 선박왕의 나라

그리스는 주변이 온통 푸른 바다예요. 그래서 바다와 관련된 일을 하는 사람이 많아요. 특히 배로 사람이나 물건을 옮겨 주는 일로 세계적인 부자가 된 사람들이 많답니다.

"바닷길은 모두 우리에게 맡기시오!"

고대 올림픽 경기에는 남자만 참가할 수 있었어요. 왜 그랬을까요?

01 여자는 청소하느라 바빠서

02 굉장히 힘든 경기만 했기 때문에

03 여자가 운동하는 것을 망측하게 여겨서

04 알몸으로 경기를 해서

생각 키우기

그리스 사람들에게 하나의 축제와도 같았던 고대 올림픽 경기! **하지만 남자만 경기에 참가할 수 있었어요. 여자들은 아예 구경조차 못 하게 했지요.** 또 경기하는 사람은 물론 구경하는 사람도 알몸이어야 했어요. 그래서 여자들이 만약 연습 중에라도 몰래 엿보면 크게 벌을 받았답니다.

정답 ❹

GUESS 11 — 어디일까요?

- **첫 번째 힌트** ★ 수도는 **오타와**예요.
- **두 번째 힌트** ★ **빨간 머리 앤**의 나라예요.
- **세 번째 힌트** ★ 세계에서 **두 번째로 넓은 나라**이지요.
- **네 번째 힌트** ★ **아이스하키**를 아주 좋아한대요.
- **다섯 번째 힌트** ★ **미국(본토)과 미국(알래스카) 사이!**

결정적 힌트 "**캐나타**라는 단어에서 나라 이름을 따왔어요!"

Canada
캐 → ㅋㄴㄷ

- 대륙 : 아메리카
- 기후 : 냉대, 한대, 대륙성 기후
- 언어 : 영어, 프랑스어
- 면적 : 998만 4,670㎢

캐나다

살기 좋은 나라
캐나다

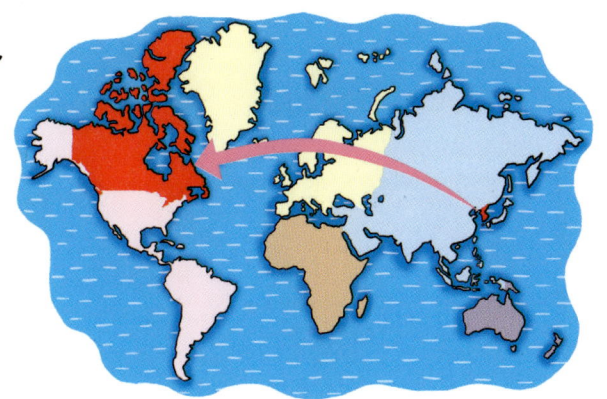

세계에서 **가장 살기 좋은 나라**는 어디일까요?

우리나라라고요? 물론 우리나라도 살기 좋지요.

하지만 전 세계인에게 물으면 많은 사람이 캐나다를 손꼽아요. 그만큼 캐나다는 **자연환경이 아름답고** 여러 가지 ***제도가 잘 갖추어졌기 때문**이지요.

또 **땅도 넓고 자원도 풍부**해서 영국과 프랑스는 오랫동안 서로 캐나다를 가지겠다고 싸웠어요. 퀘벡 지역은 처음에 프랑스가 차지해서 지금도 퀘벡 지역 사람들은 프랑스어를 사용하지요.

캐나다의 이름은 '**카나타**'라는 단어에서 생겨났어요. 카나타는 이곳에 살던 이로코이 족 말로 '**마을**'이라는 뜻이래요. **세계에서 두 번째로 큰 나라**가 마을이라니! 우와, 마을 한번 정말 크죠?

***제도** : 어떤 단체나 나라를 더욱 잘 이끌려고 만든 법이나 규칙을 말해요.

캐나다 탐험

01 단풍나무

　캐나다 국기에는 무엇이 그려져 있을까요? 바로 단풍잎이에요. 캐나다의 단풍나무는 우리나라의 단풍나무와 종류가 달라요. 설탕단풍이라고 해서 나무에서 나오는 *수액을 가지고 시럽을 만들 수 있지요. 이 시럽 역시 캐나다의 특산품으로, 무척 달콤하고 맛이 좋아요. 팬케이크나 와플에 발라 먹기도 하고, 홍차에 넣어 단맛을 더하기도 한답니다.

*수액 : 나무의 양분이 되는 액이에요.

"단풍나무로 시럽을?"

02 프린스에드워드섬

『빨간 머리 앤』은 오랫동안 많은 사람에게 사랑을 받은 소설이에요. 만화영화로도 만들어져 더욱 인기를 끌었지요. 이 섬은 『빨간 머리 앤』 작가가 태어난 곳이자, '앤' 이야기의 배경이 된 곳이랍니다.

03 캐나디안 로키

캐나다를 지나는 로키산맥을 '캐나디안 로키'라고 불러요. 높은 산과 울창한 숲, 거대한 빙하와 보석처럼 빛나는 호수는 더할 나위 없이 훌륭한 경치랍니다.

캐나다에서는 부활절이 되면, 달걀과 함께 선물하는 것이 있어요. 무엇을 선물할까요?

01 토끼 인형

"아이고, 토끼 같은 내 새끼."

02 닭

"이 닭이 달걀을 병아리로 만들어 줄 거야."

03 소금

"역시 소금에 찍어 먹어야 제맛이야!"

04 사이다

"꺼억, 팍팍한 달걀엔 사이다가 최고지!"

생각 키우기

기독교의 명절 중 하나인 부활절은 영어로 '이스터'라고 해요. 그런데 봄의 여신 또한 이스터예요. 옛날에 튜턴 족은 봄의 여신에게 1년 동안 농사도 잘되고, 아무런 탈이 나지 않기를 바라면서 토끼를 제물로 바쳤어요. 그래서 이름이 같은 이날, 아이들이 1년 동안 건강하게 잘 지내길 바라며 토끼 인형을 선물로 준답니다.

정답 ❶

GUESS 12 어디일까요?

첫 번째 힌트	★ 수도는 **아디스아바바**예요.
두 번째 힌트	★ 가장 오래된 **인류의 화석**이 발견됐어요.
세 번째 힌트	★ **햇볕에 그을린 얼굴**의 땅이래요.
네 번째 힌트	★ 지혜로운 왕 '**솔로몬**'의 나라!
다섯 번째 힌트	★ **커피의 고향!**

결정적 힌트 "에티오피아 연방 민주공화국"

Ethiopia

에 → ㅇㅌㅇㅍㅇ

- 대륙 : 아프리카
- 기후 : 고산 기후, 열대 기후
- 언어 : 암하라어
- 면적 : 110만 4,300km²

에티오피아

시바 여왕의 자손
에티오피아

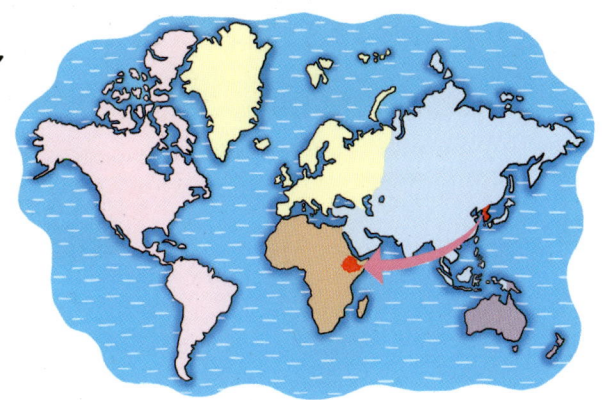

솔로몬이라는 이름을 들어 본 적 있나요?

성경을 보면 솔로몬은 아주 지혜로운 왕이었어요.

이 소문을 들은 **시바 왕국**의 여왕은 솔로몬의 지혜를 시험하고자 직접 찾아가 **수수께끼**를 냈대요. 당연히 솔로몬 왕은 시바 여왕이 낸 문제를 풀었지요.

에티오피아의 전설에 따르면, 그 뒤 솔로몬 왕과 시바 여왕 사이에 아들이 태어났는데, 그 사람이 바로 에티오피아 최초의 황제인 **메넬리크 1세**라고 해요.

대부분 사람들은 아프리카를 작은 부족들이 한데 모여서 *원시생활을 했던 곳이라고 생각해요. 하지만 아니에요. 에티오피아는 왕이 있었을 뿐만 아니라 자신들만의 글자가 있을 정도로 발전한 나라였지요.

에티오피아는 지금도 그 문자를 사용한답니다.

*__원시생활__ : 오래전, 나무 열매를 따 먹거나 물고기와 짐승을 잡아먹으며 살던 생활을 말해요.

에티오피아 탐험

01 루시

1974년, 에티오피아에서 사람 모양의 *화석이 발견되었어요.
이 화석은 인간의 최초 조상이라고 여겨져 *인류의 어머니'라고도 불리지요.
발견할 당시, 유행하던 노래에서 이름을 따서 루시라고 불렀답니다.

*화석 : 옛날에 살던 동물이나 식물의 몸이 돌 속에 남아 있는 것을 말해요.
*인류 : '사람'을 다른 동물과 구별하여 이르는 말이지요.

"황제의 궁전"

02 곤다르

예전에 에티오피아의 수도였던 곳이에요. 옛날에 나라를 다스렸던 황제들이 살았던 궁전이 남아 있어 화려했던 역사를 짐작할 수 있어요.

03 악숨

아주 오래된 도시예요. 시바 여왕도 이곳에 살았대요. 악숨 제국의 유물은 물론, 시바 여왕의 궁전터도 발견되었답니다. 시온의 성모 마리아 교회에는 *십계명이 기록된 판이 보관되어 있다고 해요.

"왕들의 도시"

*십계명 : 하나님이 사람들에게 꼭 지키라고 내린 10가지 규칙을 말해요.

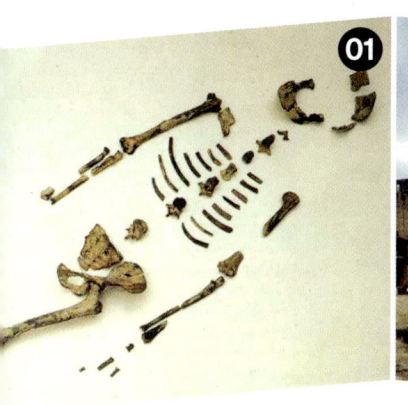
01

02

03

에티오피아 친구가 13월 5일에 만나자고 하네요. 13월 5일은 언제를 말하는 걸까요?

01 그런 날짜는 없다

02 3월 1일

03 5월 13일

04 12월 31일

생각 키우기

1년은 365일, 12개월로 나뉘어 있어요. 만약 한 달이 30일까지만 있다면 12×30=360, 360일이에요. 우리나라는 중간에 31일이 끼인 달이 있어서 나머지 5일을 채워요. 그런데 에티오피아는 매달 30일까지만 있대요. 그럼 5일이 남지요? 그래서 13월 5일까지 있는 거랍니다. 13월 5일이 1년의 맨 마지막 날인 거지요.

정답 ❹

GUESS 13

 어디일까요?

첫 번째 힌트	★ 수도는 **방콕**이에요.
두 번째 힌트	★ 대부분 사람들이 **불교**를 믿어요.
세 번째 힌트	★ **코끼리**를 무척 귀하게 여겨요.
네 번째 힌트	★ **물 위에 열리는 시장**이 있대요.
다섯 번째 힌트	★ **무에타이**를 잘하지요.

결정적 힌트 "**태국**이라고도 해요"

Thailand

타

↓

ㅌ ㅇ

- 대륙 : 아시아
- 기후 : 열대몬순 기후
- 언어 : 타이어
- 면적 : 51만 3,120㎢

 타이

자유의 땅
타이

우리나라에서는 **태국**이라고 부르기도 해요.

정식 국가 이름은 '**타이 왕국**'이고, 태국어로는 '쁘라텟 타이'라고 하지요.

타이는 태국어로 **자유**라는 뜻이에요. 주변 나라가 모두 유럽의 힘센 나라들의 지배를 받을 때도 타이는 다른 나라의 지배를 받지 않고 자유를 지켰어요.

타이 사람들은 이런 역사를 무척 자랑스럽게 생각해서 나라 이름을 '타이'라고 지었지요.

타이는 큰 전쟁을 피하려는 **영국**과 **프랑스**를 이용해서 나라의 *근대화도 이루려고 노력했어요.

우리나라 사람들이 많이 여행 가는 곳으로, 언제나 관광객들을 맞이하는 커다란 코끼리와 신나는 **축제**가 기다린답니다.

***근대화** : 뒤처진 상태에서 앞서 나가는 것이나 그렇게 하려는 노력을 말해요.

타이 탐험

01 수상 시장

  수상 시장이란 여러 가지 물건을 실은 작은 배들이 *운하에 모여들어 여는 시장이에요. 배가 곧 작은 상점이 되는 거지요. 시장은 주로 아침에 열리는데, 수상 시장을 돌아보는 관광 상품이 있을 정도로 타이를 대표하는 생활 모습이래요. 타이 전국에 있는 운하의 길이는 300만 킬로미터가 넘는다고 해요.

*운하 : 육지를 파서 만든 물길을 말해요.

"물 위에 시장이 있다고요?"

02 무에타이

"누가 이기나 겨루어 볼까?"

무에타이는 자신의 몸을 보호하기 위한 무술에서 발전된 경기예요. 권투처럼 글러브를 끼고 경기를 하며 발차기를 주요 기술로 사용하지요.

"왕이 직접 관리한다고요?"

03 왓 프라케오

왕궁에 속해 있어서 왕이 직접 관리하는 사원이에요. 불상의 옥이 에메랄드처럼 빛난다고 에메랄드 사원이라고도 하는데, 타이에서 가장 훌륭한 사원 중 하나래요.

정말? 정말!

타이의 산간 지방에 사는 까렌 족은 어떤 여자를 가장 예쁘다고 할까요?

01 얼굴이 예쁜 여자

02 머리카락이 긴 여자

03 목이 긴 여자

04 키가 큰 여자

생각 키우기

까렌 족 사람들은 여성의 목이 길어야 아름답다고 생각한대요. 그래서 **여자아이들은 어렸을 때부터 놋쇠로 만든 링을 목에 걸어요. 목이 조금씩 길어지면 링 개수도 하나씩 늘려가지요.** 하지만 링이 늘어날 때마다 목뼈가 심각하게 손상된다고 해요. 다행히 이런 풍습이 사라지고 있답니다.

정답 ❸

 어디일까요?

힌트	
첫 번째 힌트	★ 수도는 **모스크바**예요.
두 번째 힌트	★ 딸꾹! **술(보드카)**을 좋아해요.
세 번째 힌트	★ 아이~ 추워! 여름보다 **겨울이** 길어요.
네 번째 힌트	★ 과거에 **소련**이라고 불렀어요.
다섯 번째 힌트	★ 칙칙폭폭! 시베리아를 지나는 기차.

결정적 힌트: "와! 세계에서 가장 큰 나라래요"

Russia

러

ㄹㅅㅇ

● 대륙 : 유럽
● 기후 : 대륙성 기후
● 언어 : 러시아어
● 면적 : 1,709만 8,242km²

러시아

러시아

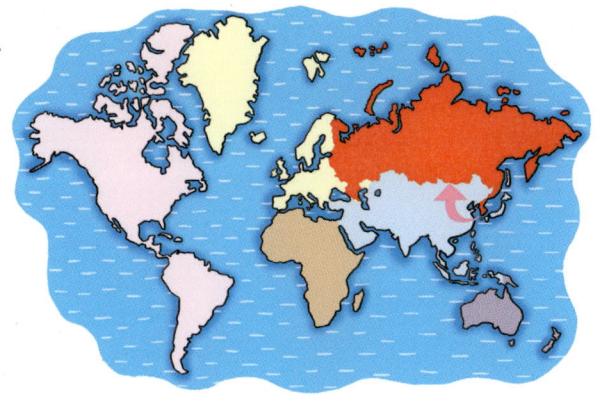

세계에서 가장 땅이 넓은 나라는 어디일까요?
바로 러시아예요. 러시아는 우리가 사는 아시아부터 **유럽**까지 걸쳐 있지요. 얼마나 넓은지 동쪽 끝에서 서쪽 끝까지의 거리가 **지구의 절반**이나 된대요. 하지만 지구의 북쪽에 있어 추운 곳이 많고, 농사를 지을 수 없을 정도로 메마른 땅도 많아 사람이 거의 살지 않는 지역도 있답니다.

러시아인들은 추운 날씨만큼이나 좀 딱딱하고 무표정한 얼굴이에요. 물론 ***사회주의 국가**였던 탓도 있지요.

소련이라는 이름으로 모든 사회주의 국가를 이끌던 나라거든요. 한편으로 세계의 문화를 이끌어 갈 정도로 음악과 문학이 발달했던 나라 역시 러시아예요. 그래서인지 알고 보면 친구를 좋아하는 따뜻한 사람들이랍니다.

***사회주의** : 국가, 즉 사회 전체의 이익을 먼저 생각하는 이론을 말해요.

러시아 탐험

01 붉은 광장

딱히 광장 전체가 붉다고만은 할 수 없는데 왜 러시아 사람들은 '붉은 광장'이라고 부를까요? 러시아어로 '아름답다'라는 말이 '붉다'라는 말과 같아서 이렇게 불렀대요. 그러니까 '붉은 광장'이라는 말은 '아름다운 광장'이라는 뜻이지요. 게다가 붉은 광장에는 러시아인의 숨결이 남아 있어요. 역사에 기록될 만한 수많은 일이 바로 이 광장에서 일어났거든요.

성 바실리 대성당

"앗! 광장이 붉은색이라고?"

"예술은 내게 맡겨라!"

02 볼쇼이 극장

볼쇼이 극장 지붕 위에는 네 마리의 말이 이끄는 전차가 있어요. 그 전차를 보면, 마치 이 극장이 세계 예술을 이끌어 간다고 말하는 것 같아요. 이곳의 발레단과 오페라단이 세계를 돌아다니며 멋진 공연을 열어 많은 사람에게 깊은 감동을 주기 때문이랍니다.

03 마트료시카

"어? 인형 속에 또 인형이 있네?"

나무로 만든 러시아 전통 인형인 마트료시카는 마치 마술 상자 같아요. 인형 뚜껑을 열어 보면, 그 속에 또 인형이 있어요. 가장 밖에 있는 인형부터 하나하나 꺼내어 늘어놓고 장식하면 더욱 예쁘답니다.

01

02

03

정말? 정말!

러시아 사람들은 손님이 오면 ○○과 ○을 준대요. 무엇일까요?

01 소금과 빵

02 설탕과 무

03 인형과 꽃

04 소금과 물

생각 키우기

러시아 사람들은 중요한 손님을 맞이할 때, '소금이 담긴 둥글고 큰 빵'을 준대요. 빵과 함께 소금은 좋은 일에도 나쁜 일에도 빠질 수 없기 때문이지요. **빵과 소금을 대접하는 마음에는 '당신은 우리 가족과 모든 일을 함께하는 중요한 사람입니다.'라는 의미가 담겨 있어요.** 특히, 빵과 소금은 러시아에서 결혼식 날 손님들에게 반드시 대접하는 음식이랍니다.

정답 **①**

GUESS 15

어디일까요?

첫 번째 힌트	★ 수도는 **암스테르담**이에요.
두 번째 힌트	★ **안네**가 숨어 지내며 일기를 쓴 나라!
세 번째 힌트	★ **히딩크 감독**이 태어났대요.
네 번째 힌트	★ **튤립이 많은 나라.**
다섯 번째 힌트	★ 바다보다 땅이 더 낮대요.

결정적 힌트 "풍차가 아주 많아요"

Netherlands

네

ㄴㄷㄹㄷ

- 대륙 : 유럽
- 기후 : 서안 해양성 기후
- 언어 : 네덜란드어
- 면적 : 4만 1,543㎢

네덜란드

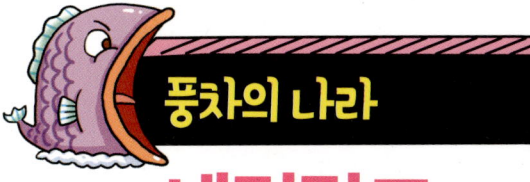

풍차의 나라
네덜란드

　네덜란드라는 이름에는 낮은 땅이라는 뜻이 있어요.
국토의 **4분의 1** 정도가 **바다**보다 높이가 낮거든요.
　그래서 네덜란드 사람들은 **둑**을 쌓고 바닷물을 **빼냈어요**.
땅의 넓이에 비해 많은 사람이 살아야 했기 때문에
조금이라도 땅을 더 넓혀야 했지요.
　얼마나 열심히 물을 빼내서 땅을 넓혔는지,
땅을 만든 것은 신 다음에 네덜란드 사람이라는 말이
생겨날 정도였대요. 그럼, 바닷물은 어떻게 빼냈을까요?
　바람이 불면 빙글빙글 돌아가는 풍차! 이 **풍차**로 물을 빼냈지요.
　지금은 그 일을 대부분 기계들이 맡고 있지만, 만약 풍차가
없었다면 네덜란드의 *지도는 지금과 많이 달랐을 거예요.

---

*지도 : 어떤 장소를 정해진 비율로 줄인 뒤, 약속된 기호를 그려 넣은 그림을 말해요.

네덜란드 탐험

홋닥~

01 풍차 마을 '잔세스칸스'

풍차 마을로 알려진 곳이에요. 옛날에는 무려 700개가 넘는 풍차가 있었지만, 지금은 기계가 대신 그 일을 하기 때문에 관광용으로 몇 개만 남아 있지요. 네덜란드의 특징을 가장 잘 간직한 마을이에요. 풍차와 나무로 만든 오래된 집, 그리고 여유롭게 풀을 뜯는 양 떼. 마치 동화책에 나올 것 같은 마을이지요.

"풍차가 700개도 넘게 있었다고요?"

02 나막신

네덜란드는 바다보다 낮은 땅이라서 옛날에는 자주 바닷물이 넘쳤어요. 그래서 나무로 만든 나막신인 '클롬펜'을 신고 다녔지요. 손으로 만든 나막신은 네덜란드의 대표 관광 상품이랍니다.

"이렇게 예쁜 신발을 나무로 만들었다고요?"

03 안네의 일기

"안네 프랑크가 쓴 일기!"

*유대인들을 무조건 붙잡아 가던 시절, 유대인 소녀 안네 프랑크가 숨어 지내며 쓴 일기예요. 그 시절의 어려웠던 사회 모습을 알 수 있어 유명해졌지요.

*유대인 : 지금의 팔레스타인 지방에 사는 사람들이에요.

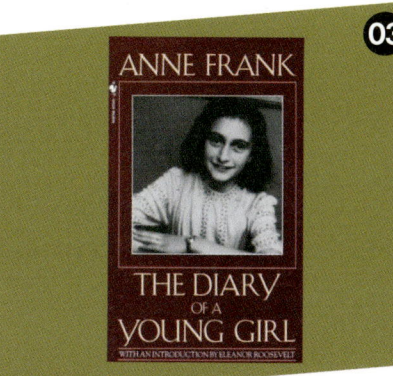

아주 옛날, 바다를 지나던 네덜란드 사람들이 배가 부서져 우리나라에 오게 되었어요. 도착한 곳은 어디일까요?

01 서울

02 부산

03 목포

04 제주도

생각 키우기

조선 시대, **제주도에 갑자기 외국 사람들이 나타났어요. 그들은 항해를 하던 네덜란드 사람들이었지요.** 그때까지 한 번도 서양 사람들을 본 적이 없던 군인들은 그들을 **체포**했고 그들은 14년 만에 자신들의 나라로 돌아갈 수 있었어요. 그중 하멜이라는 사람은 우리나라에서 있었던 일에 대해 책을 썼는데, 그 책이 바로 『하멜표류기』랍니다.

정답 ❹

GUESS 16

어디일가요?

첫 번째 힌트	★ 수도는 **캔버라**예요.
두 번째 힌트	★ 수도보다 **시드니**가 더 유명해요.
세 번째 힌트	★ 겅중겅중 뛰는 **캥거루**가 살아요.
네 번째 힌트	★ 귀여운 **코알라**도 살지요.
다섯 번째 힌트	★ **호주**라고도 해요.

결정적 힌트 "오스트리아랑 이름이 비슷해!"

Australia

오
↓
O ㅅ ㅌ ㄹ ㅇ ㅇ

● 대륙 : 오세아니아
● 기후 : 온대 기후, 사막 기후, 반건조 기후
● 언어 : 영어
● 면적 : 774만 1,220㎢

오스트레일리아

반대로, 거꾸로 나라
오스트레일리아

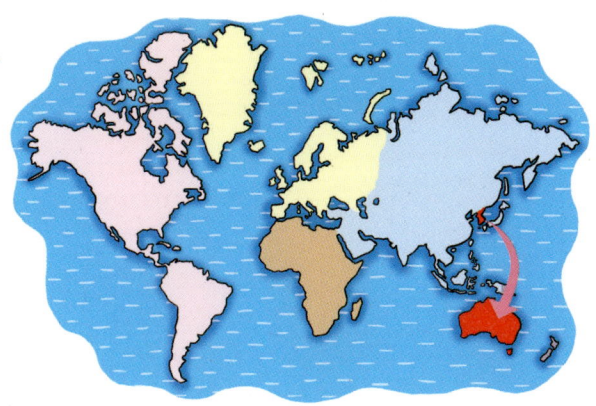

지구 반대편에 있는 섬나라 오스트레일리아!
우리에게는 '**호주**'라고 더 잘 알려졌지요.
호주는 우리와 다른 것이 많아요. 우리가 **추운 겨울**일 때, 호주는 더운 여름이에요. 그래서 햇살이 쨍쨍 내리쬐는 여름에 크리스마스가 있다니까요.
또 하늘에 보이는 **별자리**도 달라요.

호주는 다른 많은 나라와 반대편에 위치하기 때문에 옛날부터 사람들이 많이 살지 않았어요. 그래서 지구의 오랜 역사를 볼 수 있는 여러 환경이 잘 *보존되어 있지요.

또한, 우리나라에서는 볼 수 없는 다양한 동물이 살아요. 특히 우리가 잘 아는 **캥거루**나 **코알라**가 많이 사는데, 캥거루만 해도 60종류가 넘는답니다. 겉모습은 다 똑같아 보이는데 말이에요.

*보존 : 상하거나 없어지지 않도록 잘 보호하는 것을 말해요.

오스트레일리아 탐험

01 오페라 하우스

  시드니는 세계에서 가장 아름답다는 세 개의 항구 중 하나예요. 오페라 하우스는 그런 시드니를 더욱 돋보이게 하는 건물이랍니다. 돛을 단 채 항구에 세운 배처럼 보이기도 하면서 지붕은 또 *조가비 모양을 닮았어요. 오페라 하우스는 공연 예술의 중심지로, 해마다 3천여 차례의 예술 공연이 열리고 2백만 명의 관광객들이 몰려들지요. 안쪽에는 식당도 있고 기념품을 살 수 있는 가게도 있답니다.

*조가비 : 조개의 껍데기를 말해요.

"우와! 동물원이 130년이나 되었다고?"

02 타롱가 동물원

오스트레일리아를 대표하는 동물원이에요. 1884년에 문을 열었다고 하니, 벌써 130년도 더 된 동물원이지요. 이곳에 가면 코알라와 캥거루는 물론 에뮤, 왈라비 같은 이 나라만의 특별한 동물들을 모두 만날 수 있어요.

03 아웃백

"식당 이름 아니야?"

아웃백은 사람이 거의 살지 않는 사막이나 들판을 말해요. 물론 이런 지역에도 끈기 있게 땅을 일구고 가축을 기르는 사람이 있지만, 대부분 국립 공원으로 정해져서 자연이 그대로 보호되고 있지요.

오스트레일리아에서는 옆 사람이 재채기를 하면 뭐라고 할까요?

01 그냥 말없이 노려보기

02 "뭐야! 지저분하잖아"

03 "감기 걸렸니?"

04 "너에게 신의 축복을!"

생각 키우기

(God) Bless You! (너에게 신의 축복을!)
오스트레일리아뿐만 아니라 영어를 사용하는 많은 나라에서는 주위에서 재채기하면 옆 사람이 "Bless You!"라고 말해요. **재채기를 하는 순간, 영혼이 빠져나간다고 생각했기 때문에 옆 사람이 얼른 이 말을 해 주면 영혼이 다시 돌아올 수 있다고 생각한 것이지요.** 말 한마디에도 다른 사람을 위한 예쁜 마음이 담겨 있지요?

GUESS 17 — 어디일까요?

첫 번째 힌트	★ 수도는 **하노이**예요.
두 번째 힌트	★ **자전거를 타는 사람들**이 많아요.
세 번째 힌트	★ 대나무로 만든 **삼각형 모자**를 써요.
네 번째 힌트	★ 바지 위에 치마를 입는 **전통 의상**!
다섯 번째 힌트	★ 베트맨? No! 베트우먼? No!

결정적 힌트 "○○○쌀국수"

Vietnam
베 → ㅂㅌㄴ

- 대륙 : 아시아
- 기후 : 열대몬순 기후
- 언어 : 베트남어
- 면적 : 33만 1,210㎢

우리와 닮은 나라
베트남

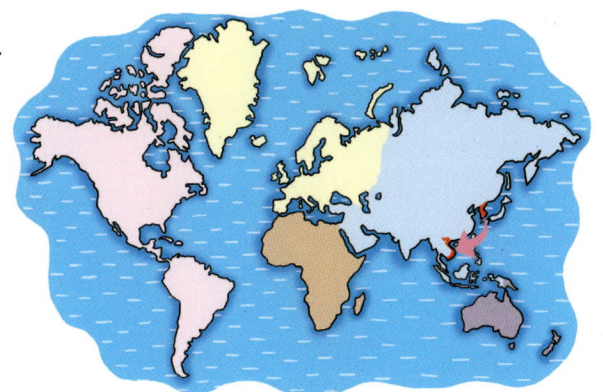

베트남은 우리와 참 많이 **닮은 나라**예요.

우선 성격이 비슷해서 우리나라 사람들처럼 정이 많고 가족을 소중히 여기지요. 역사도 닮았어요.

두 나라 모두 힘이 센 중국 옆에 있어 오랫동안 많은 간섭을 받았지요. 그러는 동안 알게 모르게 **중국 문화의 영향**을 받은 점도 비슷해요. 한 나라 사람들끼리 **남북**으로 나뉘어 가슴 아픈 **전쟁**을 치른 것도 같고요. 하지만 그 결과는 조금 달라요.

우리는 *광복 후 남북으로 갈라지면서 전쟁을 겪었지만 비교적 빨리 눈부신 경제 성장을 이루었지요.

반면, 베트남은 나라가 나뉘는 아픔은 없었지만 전쟁의 상처를 씻어 내는 데 오랜 시간이 걸렸어요. 최근에는 눈부신 경제 성장을 보여 주고 있답니다.

*광복 : 1945년 8월 15일 일본이 연합군에 항복하면서 우리의 주권을 회복한 날이에요.

베트남 탐험

씬 짜오~

01 하롱베이

바다를 건너 적이 쳐들어오자 하늘에서 용이 내려와 물리쳤다는 전설이 전해 내려오는 곳이에요. 혹시 용이 어떻게 적들을 물리쳤는지 알아요? 입에서 보석과 구슬을 마구 내뿜었는데, 그것들이 여러 모양의 바위로 변해 적들을 꼼짝 못 하게 만들었대요. 지금은 그 바위들이 하롱베이의 경치를 더욱 아름답게 만들어 주고 있어요.

"하롱은 '하늘에서 내려온 용' 이라는 뜻이래요."

02 구찌 터널

베트남군이 구찌 지역을 지키기 위해 만든 지하 터널이에요. 길이가 250킬로미터나 되고, 깊이가 3~8미터에 이른대요.

"개미도 이렇게 땅굴을 잘 파진 못할 거야"

03 수상 인형극

베트남 농민들의 생활을 담은 전통 인형극이에요. 베트남 노래에 맞춰 인형들이 물 위에서 멋진 공연을 펼쳐요. 인형은 사람들이 조정한답니다.

"우와! 인형들이 물 위에서 연극을 한다고?"

01

02

03

베트남 사람들은 장례 행렬이 지나갈 때 북을 친다고 해요. 그 이유가 뭘까요?

01 북소리를 듣고 길을 비키라고

02 부자가 된다고 해서

03 장례를 치르는 중이니, 모두 모이라고

04 북소리가 얼마나 잘 나는지 시험해 보려고

생각 키우기

베트남의 장례 행렬을 보면 뒤쪽에 곡을 연주하는 사람들이 있어요. 장례를 치르는 장소에 도착할 때까지 쉬지 않고 곡을 연주하지요. 사람이 죽은 뒤, 북을 치면 그 집안은 부자가 된다는 말이 있거든요. 또 가짜 돈이나 부적을 길에 뿌려, 죽은 사람의 저승 가는 여비도 마련해 준답니다.

정답 ❷

GUESS 18

어디일까요?

- **첫 번째 힌트** ★ 수도는 멕시코시티예요.
- **두 번째 힌트** ★ 아이 따가워! 선인장이 많이 자라요.
- **세 번째 힌트** ★ 챙이 넓고 뾰족한 모자를 써요.
- **네 번째 힌트** ★ 으~ 써! '데킬라'라는 술을 마시죠.
- **다섯 번째 힌트** ★ 신나게 노래를 부르는 거리의 악사들!

결정적 힌트 "수도는 ○○○시티"

Mexico

멕 → ㅁ ㅅ ㅋ

- ●대륙 : 아메리카
- ●기후 : 열대 기후, 건조 기후, 온대 기후
- ●언어 : 에스파냐어
- ●면적 : 196만 4,375㎢

멕시코

옥수수로 시작된 나라
멕시코

우리나라 사람들에게 쌀이 중요한 것처럼 멕시코 사람들에게 **옥수수**는 매우 중요한 곡식이에요.

옛날부터 멕시코 사람들은 옥수수가 자라는 곳을 중심으로 마을을 이루었어요. 심지어 최초의 사람이 옥수수로 만들어졌다는 신화가 전해 내려오지요.

옥수수를 기르며 평화롭게 살던 **멕시코 인디오**들은 문명을 이루며 평화롭게 살다가 힘을 앞세운 **스페인** 사람들의 지배를 받아야 했지요.

그래서 원래 가지고 있던 문화와 스페인 문화가 시간이 흐르면서 자연스럽게 섞이게 되었답니다. 그뿐만 아니라 국민의 반 정도가 멕시코 인디오와 스페인 사람 사이에서 태어난 **혼혈인**이에요. 하지만 옥수수에 대한 사랑만은 지금도 변함없대요.

멕시코 탐험

01 테오티우아칸

스페인에 정복당하기 전, 멕시코 인디오의 문화가 얼마나 뛰어났는지 엿볼 수 있는 곳이에요. 테오티우아칸은 기원전 2세기경에 세워지기 시작해 기원후 7세기경에 전성기를 맞았대요. 아메리카 대륙에서도 가장 큰 도시였다고 해요. 이곳에는 그 흔적이 많이 남아 있지요. '죽은 자의 거리'라고 하는 큰길 양쪽으로 태양의 피라미드와 달의 피라미드를 비롯하여 여러 신전과 광장이 있어요. 신전 중에는 깃털 달린 뱀 머리 조각이 장식되어 있는 신전도 있답니다.

"즐거운 음악은 우리가 책임질게!"

02 마리아치

마리아치는 전통 의상을 입고 거리나 식당에서 연주하는 사람들을 말해요. 악기에 따라 5~12명이 한 팀을 이루지요. 멕시코 민요인 〈라쿠카라차〉를 연주하는 마리아치의 모습! 생각만 해도 즐거워지지 않나요?

"때로는 울타리, 때로는 전봇대!"

03 선인장

멕시코에는 어디든지 선인장이 있어요. 30미터가 넘는 아주 큰 것부터 손바닥보다 작은 선인장까지 종류도 무척 다양하지요. 그래서 음식은 물론 생활에 필요한 많은 물건에도 선인장을 사용한답니다.

01

02

03

12월 31일이 되면, 멕시코 사람들은 집 안을 깨끗이 청소한대요. 그러고 나서 **어떤 일을 할까요?**

01 식사하기

02 잠자기

03 노래하기

04 커다란 가방 싸기

생각 키우기

12월 31일은 한 해의 마지막 날이에요. 그래서 멕시코 사람들은 행복한 새해를 맞이하고자 집 안을 깨끗하게 청소하고 커다란 가방을 싼답니다. **가방을 끌고 동네 한 바퀴를 돌면 지난해 있었던 나쁜 일들이 사라지고 행운을 가득 담아 돌아올 수 있대요.** 그러니 가방이 크면 클수록 행운을 더욱 많이 담아 올 수 있겠지요?

정답 ❹

GUESS 19 어디일까요?

첫 번째 힌트	★ 수도는 **웰링턴**이에요.
두 번째 힌트	★ 우리와 **계절이 반대**예요.
세 번째 힌트	★ 이 나라는 **북쪽이 가장 따뜻**하대요.
네 번째 힌트	★ **날개가 없는 키위새**가 살아요.
다섯 번째 힌트	★ **북섬과 남섬**으로 이루어졌어요.

 **결정적 힌트** "양을 많이 키우는 나라!"

New Zealand

뉴

↓

ㄴㅈㄹㄷ

- 대륙 : 오세아니아
- 기후 : 서안 해양성 기후
- 언어 : 영어, 마오리어
- 면적 : 26만 7,710㎢

뉴질랜드

양들의 나라
뉴질랜드

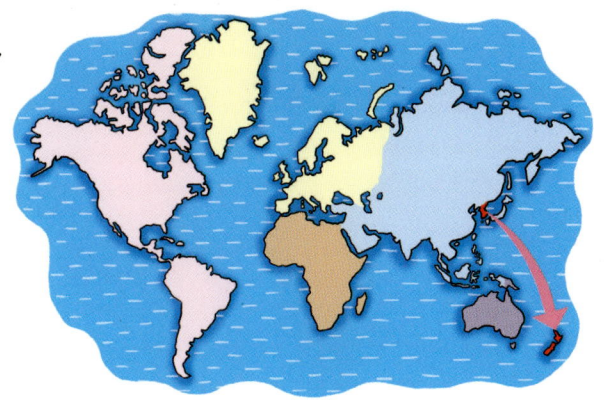

　뉴질랜드는 **영국**과 거리가 먼 **남서태평양**에 있는 섬나라지만 ***영국 연방**국가예요. 그래서 국기에도 영국 국기가 그려져 있지요. 원래는 **마오리 족**과 같은 원주민들이 살고 있었는데, 유럽인들이 옮겨 오면서 지금처럼 백인이 더 많이 사는 나라가 되었답니다.

　깨끗하고 아름다운 자연환경으로도 유명한 뉴질랜드는 땅의 절반이 **목초지**래요. 목초지는 가축을 먹이는 풀이 자라는 땅을 말해요. 우와! 도대체 얼마나 많은 가축을 기르기에 땅의 절반이 목초지일까요? 가축 중에 가장 많이 기르는 양을 세어 보면 한 마리, 두 마리……. 으악! 너무 많아서 셀 수 없네요. 왜냐고요?

　양이 뉴질랜드에 사는 사람들을 모두 합한 것보다 몇 배나 더 많기 때문이지요.

*__영국 연방__ : 과거 영국의 식민지에서 독립한 나라들과 영국으로 구성된 연방체예요.

뉴질랜드 탐험

01 레인보우 지구

뉴질랜드를 대표하는 관광 지역인 로터루아에 있어요. 레인보우 농장과 작은 호수로 나뉘는데, 농장에서는 새끼 양 우유 먹이기를 비롯해 여러 체험을 할 수 있지요. 호수에서는 무지개송어, 원시 도마뱀과 키위새도 볼 수 있답니다.

"새끼 양의 엄마가 되어 보세요!"

02 번지 점프

"다들 너무 용감한 거 아냐?"

원래는 남태평양에 있는 섬나라에서 남자들의 용기를 시험하기 위한 의식이었대요. 긴 줄에 몸을 묶고 높은 곳에서 뛰어내리는데, 퀸스타운에서 처음으로 일반 사람들에게 알려지면서 인기 스포츠가 되었답니다.

03 키위새

"날개가 없는 새가 있다고?"

날개와 꼬리를 하도 쓰지 않아서 날지 못하게 된 새지요. 낮에는 나무 구멍이나 땅속에 숨어 있다가 밤에만 움직여요. 수컷이 '키위키위'하며 울어서 키위새라고 부른대요.

01

02

03

뉴질랜드의 원주민들은 낯선 사람을 만나면 혀를 내밀어요. 왜 그럴까요?

01 놀려 주려고

02 자신의 힘을 보여 주려고

03 조금 전에 무엇을 먹었는지 자랑하려고

04 건강 상태를 확인하려고

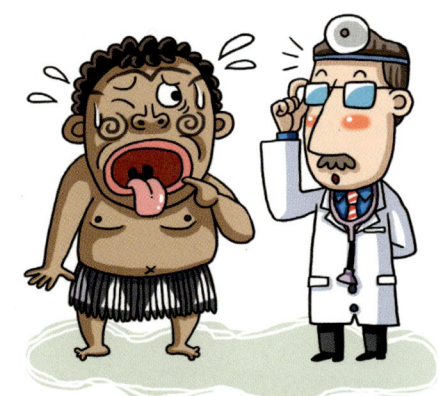

생각 키우기

전사의 후예인 마오리 족은 적을 만나면 눈을 부릅뜨고 혀를 내밀어요. **혀를 내미는 모습이 조금 우습지만, 사실 아주 무시무시한 뜻이 숨어 있답니다. "너를 잡아먹어 버리겠다!"라는 경고를 뜻하거든요.** 그래서 낯선 사람을 보면 자신의 힘을 보여 주려고 혀를 내민다고 해요. 요즘은 자신들의 풍습을 알리려고 일부러 혀를 내민다고도 하네요.

정답 ❷

GUESS 20 어디일까요?

첫 번째 힌트	★ 수도는 **오슬로**예요.
두 번째 힌트	★ **석유를 발견해** 부자가 되었지요.
세 번째 힌트	★ **빙하 때문에 생긴** 멋진 계곡이 있어요.
네 번째 힌트	★ **탐험가들이** 많이 태어난 나라.
다섯 번째 힌트	★ 이곳에서 **노벨평화상을** 주지요.

결정적 힌트 "바이킹의 후예"

Norway

노 → ㄴㄹㅇㅇ

● 대륙 : 유럽
● 기후 : 냉대 기후, 한대성 기후
● 언어 : 노르웨이어
● 면적 : 32만 3,802㎢

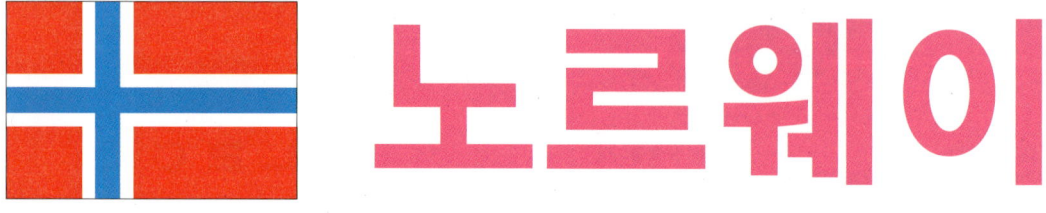

노르웨이

탐험가의 나라
노르웨이

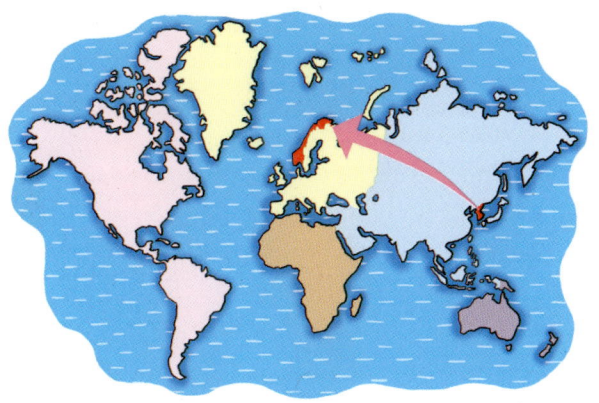

바이킹은 옛날에 유럽 북쪽에 살았던 민족이에요. 맘껏 바다를 누비며 이름을 떨쳤던 **해적**이지요. 바이킹 족이 세운 나라가 노르웨이를 비롯해 덴마크와 스웨덴이에요. 이들은 모두 자신의 조상이었던 바이킹을 무척 자랑스럽게 여긴답니다.

바이킹 족은 **용감**할 뿐만 아니라 배를 잘 몰아서 바다를 통해 어디든지 갔어요. 노르웨이 사람들은 이들의 후예답게 **탐험가**들이 많지요.

난센은 그린란드를 가로질러 여행했고 최초로 가장 북쪽 끝(북극) 가까이까지 *탐험한 사람이에요. 그리고 아문센은 처음으로 남쪽 끝(남극)에 도달한 사람이지요.

아문센은 나중에 비행기를 타고 북극을 가로지르는 데 처음으로 성공하기도 했답니다.

***탐험** : 위험을 무릅쓰고 어떤 곳을 찾아가 살펴보고 조사하는 것을 말해요.

노르웨이 탐험

타크~

01 송네피오르

빙하는 아주 커다란 얼음덩어리가 강처럼 흐르는 것을 말해요. 피오르는 이 빙하 때문에 생긴 U자 모양의 계곡이지요. 노르웨이에 있는 송네피오르는 세계에서 가장 긴 피오르예요. 그 길이가 무려 204킬로미터나 된대요. 바다와 이어지는 피오르의 경치는 너무나 아름다워 노르웨이에서 절대 빼놓을 수 없는 볼거리랍니다.

"얼음덩어리가 계곡을 만들었다고요?"

02 노벨평화상

노벨상 시상식은 해마다 스웨덴의 스톡홀름에서 열려요. 하지만 노벨평화상만은 노벨의 사망일인 12월 10일 노르웨이의 오슬로에서 준답니다.

03 뷔페

뷔페는 커다란 식탁 위에 여러 음식을 차려 놓고 손님들이 원하는 만큼 덜어 먹는 거예요. 옛날에 바이킹들이 이런 방법으로 식사를 했대요. 그래서 일본에서는 뷔페 식당을 바이킹 식당이라고 부르기도 하지요.

노르웨이 여자는 남자 못지않게 잘하는 운동이 있어요. 무엇일까요?

01 권투

02 역도

03 달리기

04 축구

생각 키우기

노르웨이에서는 여자들이 축구를 아주 잘해요. 1991년부터 월드컵 여자 축구 대회가 열렸고, 1996년에는 올림픽에서 여자 축구를 정식 종목으로 채택했지요. **노르웨이 여자 축구팀은 세계적인 실력을 갖추고 있어서 1995년 월드컵 여자 축구 대회에서 우승했고, 2000년 시드니 올림픽에서는 금메달을 받기도** 했답니다.

GUESS 21

어디일까요?

첫 번째 힌트	★ 수도는 **서울**이에요.
두 번째 힌트	★ 국보 1호가 **남대문**이에요.
세 번째 힌트	★ 과거에는 '**조선**'이라 불렀어요.
네 번째 힌트	★ 주로 **밥과 김치**를 먹어요.
다섯 번째 힌트	★ **자랑스러운 우리나라**예요.

결정적 힌트 "동해물과 백두산이~♪"

Korea

대 → ㄷㅎㅁㄱ

● 대륙 : 아시아
● 기후 : 대륙성 몬순 기후
● 언어 : 한국어
● 면적 : 10만 363km²

 대한민국

대한민국

　대한민국, 우리나라의 이름이에요.
사람들은 줄여서 그냥 **한국**이라고 부르기도 하지요.
　우리나라는 **5천 년**이 넘는 긴 역사를 가지고 있어요.
그러다 보니 평화롭고 행복하게 살던 때도 있었지만,
다른 나라의 지배를 받던 때도 있었지요.
　또한 셀 수 없이 많은 **전쟁**을 겪기도 했어요.
그 과정에서 **남한**과 **북한**으로 나뉘었지요.
　우리가 사는 대한민국 정부는 **1948년**에 세워졌어요.
비록 남한뿐이었지만 말이에요. 작은 나라가 더 작아졌지만,
대한민국은 50년 정도의 짧은 시간 동안 **한강의 기적**이라는
말을 들을 정도로 *발전했어요.
　그러니 남과 북이 하나가 된다면 더욱 살기 좋은
나라를 만들 수 있겠지요?

***발전** : 점점 더 좋은 상태가 되어 가는 것을 말해요.

대한민국 탐험

01 한글

 한글은 지금 우리가 사용하는 글자의 이름이에요. 옛날에는 말을 하면서도 글자가 없어 한자를 써야만 했어요. 그런데 한자는 너무 어려워서 쓸 줄 모르는 사람들이 많았지요. 이 점을 안타깝게 생각하던 세종 대왕은 모든 백성이 쉽게 쓸 수 있도록 우리 고유의 글자, 한글을 만들었어요. 한글은 무척 과학적으로 만들어졌기 때문에 세계적으로 그 우수성을 인정받고 있답니다.

"세종 대왕이 만든 우리의 글자!"

🏴 02 국보 제1호 남대문

"우리나라에서 제일가는 보물?"

국보는 나라에서 지정해 법으로 보호하는 보물이에요. 그럼, 우리나라의 국보 제1호는 무엇일까요? 바로 남대문이지요. 원래 이름은 숭례문으로 조선 시대 서울의 성을 둘러싸고 있던 *성곽의 남쪽 정문이에요. 2008년 누군가 *방화로 사라질 뻔했지만 복원 작업으로 예전 모습을 되찾았답니다.

***성곽** : 성 또는 성의 둘레예요.
***방화** : 일부러 불을 지른 것을 말해요.

"건강에도 좋다고요?"

🏴 03 김치

김치는 소금에 절인 배추나 무를 갖은 양념에 버무린 다음에 발효시킨 음식이에요. 채소를 오래 먹을 수 있게 한 것이지요. 맛있고 건강에 좋은 김치는 이제 세계에서 사랑받는 음식으로 자리 잡고 있어요.

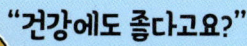

오늘 귀여운 동생이 태어났어요. 대한민국에서 태어난 내 동생의 **나이는 몇 살일까요?**

01 0살

02 한 살

03 두 살

04 세 살

생각 키우기

오늘 태어난 아기의 나이는 한 살이에요. 이렇게 **태어나자마자 한 살이 되는 나라는 우리나라밖에 없대요. 다른 나라는 아이가 태어나 1년이 지나야 한 살이 되지요.** 태어나서 얼마나 살았는지 그 기간을 계산하기 때문이에요. 하지만 우리 조상들은 사람이 태어나서 몇 번째 해를 살고 있는지를 더욱 중요하게 생각했대요.

정답 ❷

GUESS 22

어디일까요?

첫 번째 힌트	★ 수도는 **빈**이에요.
두 번째 힌트	★ **모차르트, 슈베르트의** 고향.
세 번째 힌트	★ **훌륭한 음악가들**이 많아요.
네 번째 힌트	★ **음악의 나라.**
다섯 번째 힌트	★ **비엔나소시지, 비엔나커피.**

 **결정적 힌트** "오스트레일리아랑 이름이 비슷해!"

Austria

오

ㅇㅅㅌㄹㅇ

- 대륙 : 유럽
- 기후 : 대륙성, 해양성 기후
- 언어 : 독일어
- 면적 : 8만 3,871㎢

오스트리아

음악의 나라
오스트리아

'외스터라이히', 독일어를 쓰는 오스트리아 사람들이 자기네 나라 이름을 말하면 이렇게 발음해요. **'동쪽의 나라'**를 뜻해요.

오스트리아는 우리나라보다 크기가 작지만, 옛날에는 유럽의 대부분 지역이 오스트리아 땅이었어요. 그래서 **유럽의 문화**를 이끌어 나갔지요.

우리가 **클래식**이라고 부르는 음악은 서양의 고전 음악이에요. 오스트리아에는 클래식을 만들고 *완성했다고 말할 수 있는 훌륭한 **음악가**가 정말 많아요.

우리가 잘 아는 하이든, 모차르트, 요한 슈트라우스, 슈베르트 등이 모두 오스트리아 사람이지요. 그들의 흔적을 찾아 지금도 세계 곳곳에서 음악을 공부하는 학생들이 음악의 나라, 오스트리아를 찾는답니다.

*완성 : 완전히 다 이룬 것을 말해요.

오스트리아 탐험

할로~

01 빈

영어로는 '비엔나'라고도 해요. 음악의 나라 수도답게 세계적인 음악가들이 태어났거나 활동했던 곳이지요. 지금은 하이든 기념관, 브람스 기념관을 비롯해 슈베르트, 브람스, 모차르트의 묘지가 있어요. 그래서 음악을 사랑하는 많은 사람이 그들의 흔적을 따라 여행을 오는 곳이기도 한답니다. 물론 음악을 공부하기 위해 찾아오는 사람도 많아요.

"빈과 비엔나가 같은 도시라고?"

02 비엔나소시지와 비엔나커피

"비엔나에서 처음 먹었다고요?"

줄줄이 이어진 소시지를 보셨나요? 바로 비엔나소시지예요. 블랙커피에 생크림을 잔뜩 올린 커피는 비엔나커피고요. 모두 비엔나에서 먹기 시작해서 이렇게 부른대요.

03 사운드 오브 뮤직

오스트리아를 배경으로 만든 뮤지컬 영화로 오랫동안 많은 사람에게 사랑받았어요. 우리가 즐겨 부르는 〈도레미송〉과 〈에델바이스〉가 이 영화에 나오는 노래지요.

"도는 하얀 도화지! 레는 둥근 레코드!"

01

02

03

정말? 정말!

옛날 유럽의 많은 음악가가 가발을 썼어요.
왜 가발을 썼을까요?

01 대머리를 감추기 위해

02 추워서 모자 대신

03 머리 감기 귀찮아서

04 유행이라서

생각 키우기

처음으로 가발을 쓴 사람은 영국의 여왕이었던 **엘리자베스 1세였어요. 천연두 때문에 머리카락이 심하게 빠져서 여러 모양의 가발을 쓰기 시작했지요. 그러자 귀족들도 여왕을 따라 가발을 쓰기 시작하여 유행**이 되었어요. 중세 유럽에서는 귀족들이 가발을 쓰는 것이 관습이 되었지요. 당시 음악가들은 주로 귀족을 위해 일했기 때문에 이 유행을 따른 것이라고 해요.

정답 ❹

GUESS 23

어디일까요?

첫 번째 힌트	★ 수도는 **베른**이에요.
두 번째 힌트	★ 부자들은 이곳에 **돈을 숨긴대요**.
세 번째 힌트	★ **시계**의 나라.
네 번째 힌트	★ **요들레이~** 즐거운 요들송을 불러요.
다섯 번째 힌트	★ 하얀 눈이 덮인 알프스산.

결정적 힌트: "나라 이름의 맨 앞글자랑 맨 뒷글자가 같아요"

Switzerland

스 → ㅅㅇㅅ

● 대륙 : 유럽
● 기후 : 지중해성, 서안 해양성 기후
● 언어 : 독일어, 프랑스어, 이탈리아어, 로망슈어
● 면적 : 4만 1,277㎢

스위스

영원한 중립국
스위스

　우린 누구의 편도 아니야!
　스위스는 다른 나라들이 서로 싸우거나 전쟁을 할 때, 누구의 편도 들지 않아요. 이런 나라를 *중립국이라고 하지요. 덕분에 스위스는 두 차례의 세계 전쟁을 피할 수 있었어요. 세계 여러 나라가 모여 큰 회의를 가질 때면 스위스에서 모일 때가 많지요.
　스위스는 프랑스, 독일, 이탈리아의 문화가 만나는 유럽 중앙에 있어요. 그래서 이 세 나라의 말과 로망슈어까지 모두 네 가지 말을 국어로 정했어요. 말은 이렇게 다양하지만 서로 존중하며 잘 지낸답니다.
　하얀 눈과 향긋한 치즈 냄새, 그리고 두건과 앞치마를 두른 알프스 소녀의 나라 스위스! 작은 마을 같아 보이지만 사실은 유럽의 부유한 나라 중 하나랍니다.

---

*중립국 : 다른 나라 간의 전쟁에 어떤 경우에도 참가하지 않겠다고 선언한 나라를 말해요.

스위스 탐험

그리에치~

01 융프라우산

알프스 산맥에 있는 산으로 높이가 4,158미터나 돼요. 경치도 무척 아름답지만 이 산이 유명한 진짜 이유는 융프라우요흐(높이 3,254미터)라는 전망대까지 등산 열차가 다니기 때문이에요. 이 열차를 위해 1896년부터 1912년까지 무려 16년 동안 공사를 했대요. 어떻게 바위산을 뚫고 철로를 놓았는지 정말 놀라워요!

"올라가기 힘들다고요? 열차를 타세요!"

02 시계

"누구나 갖고 싶어 하는 스위스 시계"

스위스는 처음으로 손목시계와 방수 시계를 만든 나라예요. 전 세계 시계 시장의 반을 차지해서 '시계의 나라'라고 불리기도 하지요.

03 카펠교

"유럽에서 가장 오래된 나무다리라고요?"

1333년에 로이스강에 놓은 다리예요. 유럽에서 가장 오래되고 긴 나무다리래요. 다리 중간에는 물의 탑이 있어요. 이 탑은 길 안내를 하는 등대 역할도 하지만, 큰일이 있을 때 종을 울려 위험을 알리기도 하지요.

01

02

03

알프스 지방에서 요들송을 부르는
이유는 무엇일까요?

01 심심해서

02 얼마나 노래를 잘하는지 뽐내려고

03 가축을 불러 모으기 위해서

04 노래를 너무 못 불러서

생각 키우기

알프스 지방에서 요들송을 부르는 이유는 가축을 쉽게 돌보기 위해서였어요. **널따란 들판에 흩어져 있던 가축들도 요들송이 들려오면 한자리로 모여들었지요.** 또 눈이 많이 와서 멀리 갈 수 없는 스위스의 특성상, 산 너머에 있는 다른 마을에 급한 소식을 전할 때도 요들송을 불렀다고 해요.

정답 ❸

GUESS 24

 어디일까요?

첫 번째 힌트	★ 수도는 **브라질리아**예요.
두 번째 힌트	★ **아마존강**이 있지요!
세 번째 힌트	★ 울라울라~ **삼바 춤을 잘 춰요!**
네 번째 힌트	★ 월드컵에서 **여러 번 우승**했대요.
다섯 번째 힌트	★ **축구!** 하면 ○○○

결정적 힌트: "수도 이름은 ○○○리아"

SAMBA

Brazil

브

↓

브ㄹㅈ

● 대륙 : 아메리카
● 기후 : 열대우림, 아열대, 온대 기후
● 언어 : 포르투갈어
● 면적 : 851만 4,877㎢

브라질

지구의 허파를 품은
브라질

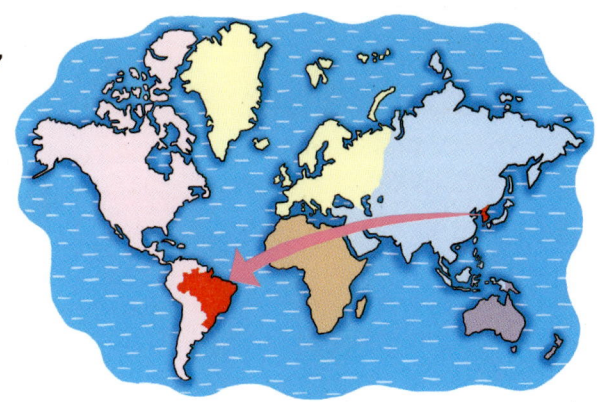

아마존강은 브라질 땅의 절반이나 차지해요.
길이도 폭도 어떤 강보다 길고 넓지요.
　주변의 숲은 세계에서 가장 많은 산소를 만들어 내는
곳이에요. 그래서 지구의 허파라고 불려요.
허파는 숨을 쉴 수 있도록 돕는 기관을 말해요.
　우리가 숨을 쉴 수 없다면 어떻게 될까요?
얼마 못 가서 답답해서 죽을 거예요. 지구도 마찬가지예요.
아마존 열대우림에서 산소를 많이 만들어야 지구가 건강하게
살 수 있답니다.
　옛날에 포르투갈이 이곳을 *개척하려고 할 때,
*여전사 부족에게 크게 혼이 났대요. 그래서 그리스 신화에
나오는 여전사의 이름인 아마존의 이름을 따서
이 강의 이름을 지은 거랍니다.

*개척 : 거친 땅을 일구어 논밭을 만든 것을 말해요.
*여전사 : 여자 전사. 곧 여자 군인을 말해요.

브라질 탐험

01 리우 축제

  삼바 축제라고도 해요. 세계 3대 축제의 하나로 매년 2월 말부터 3월 초에 열리지요. 포르투갈의 사순절 축제에 아프리카 노예들의 전통 타악기 연주와 춤이 합쳐진 거래요. 처음에는 그냥 평범한 거리 축제였는데, 삼바 학교가 세워지면서 축제 때 학교별로 퍼레이드를 보여 줬대요. 그래서 지금과 같은 멋진 축제가 되었답니다.

02 마라카낭 축구 경기장

1950년대에 만든 세계 최대의 축구 경기장이에요. 좌석 수는 15만 5천 석이지만, 실제로는 22만 명도 넘게 들어갈 수 있어요. 역시 월드컵에서 여러 번 우승한 나라답지요?

"축구는 우리의 힘!"

"어서 와! 이쪽에서 봐야 제대로야!"

03 이구아수 폭포

이구아수는 세계에서 가장 큰 폭포예요. 높이가 무려 100미터나 되고 거대한 물기둥이 300개가 넘지요. 브라질과 아르헨티나, 파라과이 이렇게 세 나라가 만나는 곳에 있는데 폭포 대부분은 아르헨티나에 속해 있어요. 하지만 브라질에서 바라보는 모습이 가장 아름다워요!

01

02

03

'브라질'이라는 나라 이름은 어떤 이름에서 유래했을까요?

01 '브라질'이라는 대통령 이름

02 '브라질'이라는 나무 이름

03 '허파'라는 브라질어

04 '브라질'이라는 축구선수 이름

생각 키우기

브라질이라는 나라 이름은 '브라질우드(Brazilwood)'라는 나무 이름에서 따왔어요. 이 나무는 빨간색 물감을 만드는 데 필요한 열매가 자라는데, 브라질에서 많이 볼 수 있어요. 1494년에 포르투갈 사람들이 '빨간색 물감을 만드는 나무가 자라는 땅'이라는 뜻으로 '브라질'이라 지었다고 해요.

정답 ❷

GUESS 25

어디일까요?

첫 번째 힌트	★ 수도는 **리스본**이에요.
두 번째 힌트	★ 유럽의 **서쪽 끝**에 있어요.
세 번째 힌트	★ **'빵'**이라는 단어가 이 나라에서 왔지요!
네 번째 힌트	★ **성모 마리아**가 나타나는 마을이 있어요.
다섯 번째 힌트	★ 옛날에는 힘이 센 나라였어요.

결정적 힌트: "바다의 제왕 ○○○○"

Portugal

포
↓
ㅍ ㄹ ㅌ ㄱ

- 대륙 : 유럽
- 기후 : 지중해성, 대륙성 기후
- 언어 : 포르투갈어
- 면적 : 9만 2,090㎢

포르투갈

해양 대국을 꿈꾸는
포르투갈

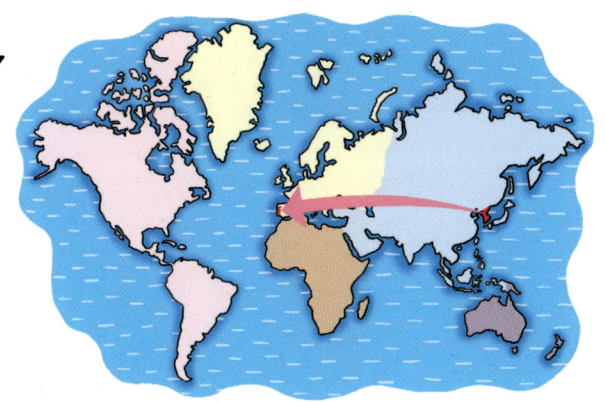

옛날에 포르투갈은 강한 힘을 가진 나라였어요. 특히 바다에서 강한 나라로 소문이 자자했지요.

그래서 새로운 땅을 찾아 세계를 누비고 다니며 많은 나라를 자신들의 땅으로 만들었어요. **브라질**을 차지한 후에는 당시에 세계에서 가장 넓은 땅을 가진 나라가 되기도 했지요. 하지만 시간이 흐르자 점차 약해지기 시작했어요.

나폴레옹의 *침입으로 휘청거리는가 싶더니 브라질이 독립하자 곧 힘을 잃고 말았지요.

그래서 지배하던 나라를 하나둘씩 돌려주어야 했답니다.

포르투갈은 **3F**가 유명해요. 성모 마리아가 나타났다는 **파티마(Fatima)** 마을, 포르투갈의 민요 **파두(Fado)**, 그리고 **축구 풋볼(Football)**이지요.

***침입** : 다른 사람의 땅이나 재산, 신분 따위를 빼앗기 위해 들어가거나 들어오는 것을 말해요.

포르투갈 탐험

봉 지아~

01 벨렝 탑

리스본으로 들어오는 입구에 있는 탑으로, 물속에 세운 탑이에요. 하지만 강의 흐름이 바뀌면서 물에 잠기지 않게 되었지요. 포르투갈이 바다를 누비며 큰 세력을 떨치던 때에 떠나는 이들을 보내기도 하고, 오랜 여행에서 돌아오는 이들을 반갑게 맞아 주던 곳이기도 하지요.

"물속에 세운 탑이라고요?"

02 파티마

성모 마리아가 나타났다는 마을이에요. 1917년 5월부터 10월까지 매달 13일이면 세 명의 어린 목동 앞에 성모 마리아가 나타났다는 이야기가 알려지면서 많은 사람이 찾아온답니다.

"성모 마리아가 나타난다고요?"

"함께 노래해요!"

03 파두

파두는 '운명'이라는 뜻으로 평범한 사람들의 삶을 노래한 포르투갈의 대표적인 민요예요. 리스본 번화가에서 많이 들을 수 있는데, 주로 '파두의 집'이라고 불리는 레스토랑에서 공연한대요.

01

02

03

포르투갈에는 흙으로 빚은 어떤 동물을 집 안에 장식하는 사람들이 많다고 해요. **어떤 동물일까요?**

01 닭

02 토끼

03 원숭이

04 뱀

 생각 키우기

옛날에 바르셀로스에서 한 사람이 죽은 채 발견되었대요. 그러자 마을 사람들은 그 마을을 지나가던 사람을 범인으로 몰았지요. 그 사람은 억울해하며 마침 옆에 있던 닭 요리를 보고 말했어요. "나에게 죄가 없다면 저 닭이 노래를 부를 것이다." 그러자 정말로 닭이 살아나 노래를 불렀대요. 그때부터 사람들은 닭을 정의와 행운을 나타내는 동물이라고 여겼다고 해요.

정답 ❶

GUESS 26 어디일까요?

첫 번째 힌트	★ 수도는 **리야드**예요.
두 번째 힌트	★ 모든 사람이 **이슬람교를** 믿어요.
세 번째 힌트	★ 한 달 동안 낮에는 음식을 **먹지 않아요**.
네 번째 힌트	★ 여자들이 **보자기 같은** 걸 뒤집어써요.
다섯 번째 힌트	★ 앗! 뜨거워! 가도 가도 끝없는 사막.
결정적 힌트	"**석유가 펑펑**"

Saudi Arabia

사 → ㅅㅇㄷㄹㅂㅇ

- 대륙 : 아시아
- 기후 : 사막 기후
- 언어 : 아랍어
- 면적 : 214만 9,690 km²

 사우디아라비아

지옥에서 천국이 된 나라
사우디아라비아

앗, 뜨거워!

사우디아라비아는 나라의 **95%** 이상이 뜨거운 **사막**이에요. 아무리 애를 써도 농사를 지을 수 없고 가축도 기를 수 없었지요. 심지어 10년 동안 한 번도 비가 내리지 않은 곳도 있답니다. 그야말로 지옥에서 사는 느낌이었겠지요?

그러던 어느 날 **석유**가 발견되었어요. 우리나라에서는 한 방울도 나지 않는 석유가 어찌나 많은지 전 세계에 묻혀 있는 양의 5분의 1이 사우디아라비아에 묻혀 있대요.

덕분에 사우디아라비아는 비싼 값으로 석유를 팔아 필요한 모든 물건을 구할 수 있었어요.

사우디아라비아 사람들은 **천국**에 살게 된 것을 기뻐하며 늘 신께 감사한답니다.

사우디아라비아 탐험

앗살라말라이쿰~

01 메카와 메디나

 메카는 이슬람교를 처음 내세운 마호메트가 태어난 곳이에요. 그래서 이슬람교에서는 최고로 성스럽게 여기는 땅이지요. 그다음으로 중요하게 생각하는 도시가 바로 메디나예요. 메카에서 옮겨 온 마호메트가 죽기 전까지 활동하던 곳으로 그의 무덤도 있어요. 이슬람교를 믿는 사람이라면 이 두 도시를 꼭 들러 보고 싶어 한답니다.

"이슬람교를 믿는다면 꼭 가고 싶은 도시래요."

"박쥐야? 사람이야?"

02 아바야

망토 모양의 검은색 겉옷으로, 여자들이 외출할 때 꼭 입어야 하는 옷이에요. 하지만 점차 이 옷을 입어야 하는 여성들의 불만이 커지고 있어요.

03 라마단

"해가 떠 있을 때는 아무것도 먹지 말라고요?"

이슬람교에서 정한 기도의 달이에요. 한 달 동안은 해가 뜰 때부터 해가 질 때까지 어떤 음식도 먹지 않아요. 하지만 어린아이들은 언제든 먹을 수 있지요.

01

02

03

사우디아라비아 사람들은 하루에 다섯 번 꼭 하는 일이 있어요. 무엇일까요?

01 기도

02 양치질

03 식사

04 노래

생각 키우기

이슬람교를 믿는 사람들은 하루에 다섯 번, 정해진 시간에 기도를 드려요. **신을 모시는 사원에 직접 가거나 메카가 있는 방향으로 기도**하지요. 사우디아라비아를 비롯해 아라비아(아랍)에 사는 대부분 사람들은 이슬람교를 믿어요. 그들에게는 무엇보다도 종교가 중요해요. 그래서 기도는 생활 속에서 절대 빠질 수 없는 한 부분이랍니다.

정답 ❶

GUESS 27 어디일까요?

첫 번째 힌트	★ 수도는 **스톡홀름**이에요.
두 번째 힌트	★ **호수와 숲**이 아름다운 나라예요.
세 번째 힌트	★ **노벨**이 태어났어요.
네 번째 힌트	★ 유명한 **자동차 회사, 볼보**가 있어요.
다섯 번째 힌트	★ **복지제도**가 잘되어 있는 나라지요.

결정적 힌트  "요람에서 무덤까지"

Sweden

스 → ㅅㅇㄷ

- 대륙 : 유럽
- 기후 : 해양성 기후
- 언어 : 스웨덴어
- 면적 : 45만 295km²

스웨덴

요람에서 무덤까지
스웨덴

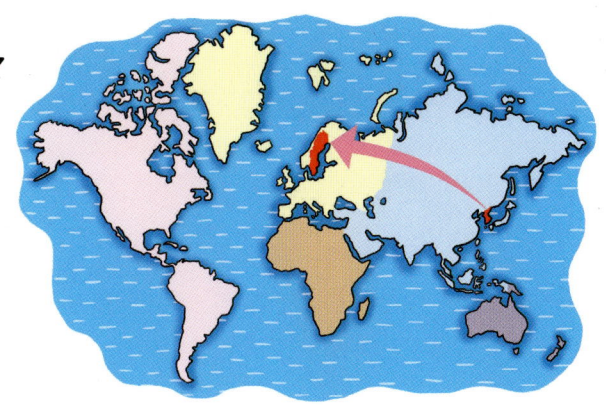

　요람은 갓난아기를 태우고 흔들어 놀게 하거나 재울 때 쓰는 물건이에요. 그래서 '요람에서 무덤까지'라는 말은, 사람이 태어나서 죽을 때까지 기본적인 생활에 어려움을 느끼지 않도록 나라에서 책임지고 보호해 주겠다는 뜻이지요.
　모든 사람은 자기들이 사는 나라가 이렇게 되기를 소망해요. 나라에서 모든 국민을 책임지기란 매우 힘든 일인데도 말이에요. 그럼에도 이것을 잘 지켜 온 나라가 바로 스웨덴이랍니다. 그래서 스웨덴은 무척 살기 좋은 나라라고 알려졌지요.
　살기 좋은 나라가 되려면 사람들에게 *세금을 많이 걷어야 하기 때문에, 스웨덴 역시 여러 문제를 해결하려고 많이 노력하고 있답니다.

*세금 : 국가나 지방에서 경비로 쓰기 위해 국민이나 주민에게 거두어들이는 돈을 말해요.

스웨덴 탐험

01 노벨상

노벨은 *다이너마이트를 발명해서 아주 큰 부자가 되었어요. 그는 죽으면서 "모든 사람을 위해 온 힘을 다한 사람들에게 나의 재산을 나누어 주시오."라는 유언을 남겼지요. 그 유언에 따라서 1901년에 만들어진 상이 바로 노벨상이에요. 물리학, 화학, 생리·의학, 문학, 평화, 경제학의 여섯 분야에서 공을 쌓은 사람에게 상을 준답니다.

*다이너마이트 : 폭발력을 가진 폭약으로 철도나 도로 공사에 쓰이기도 해요.

"원래는 스웨덴을 알리기 위해 썼다고??"

02 닐스의 모험

스웨덴의 자연과 풍속을 재미있게 알리고자 쓰인 동화예요. 여러 동물과 함께 모험을 하는 이야기가 무척 재미있어 세계 여러 나라 어린이들에게 지금까지도 사랑받고 있지요.

"자동차는 안전이 최고예요!"

03 볼보

볼보는 안전한 자동차를 만드는 곳으로 유명한 스웨덴의 자동차 회사예요. 안전벨트, 에어백 등은 모두 볼보가 처음으로 자동차에 사용한 안전장치랍니다.

01

02

03

스웨덴에는 특별한 재료로 만든 호텔이 있어요.
무엇으로 만들었을까요?

01 종이

02 나뭇잎

03 얼음

04 초콜릿

생각 키우기

스웨덴에는 얼음과 눈으로 지은 호텔이 있어요. **호텔 안의 모든 것이 얼음이에요. 그 때문에 이곳은 아무 때나 가서 묵을 수 없어요. 추운 11월이 되어야 짓기 시작하거든요.** 그래서 12월 중순부터 4월 중순까지만 문을 열지요. 호텔 안에는 일반 호텔처럼 침대와 가구가 있어요. 푹신푹신한 가죽을 깔아 놓아서 놀랄 만큼 편안하게 잠들 수 있답니다.

정답 ❸

GUESS 28 어디일까요?

- **첫 번째 힌트** ★ 수도는 **마드리드**예요.
- **두 번째 힌트** ★ **에스파냐**라고도 해요.
- **세 번째 힌트** ★ 옛날에는 **무적함대**라고 불렸어요.
- **네 번째 힌트** ★ 빨간 꽃을 꽂고 **플라멩코** 춤을!
- **다섯 번째 힌트** ★ 정열의 땅!

 **결정적 힌트** "빨간 천을 든 투우사"

Spain

스

↓

ㅅㅍㅇ

- 대륙 : 유럽
- 기후 : 지중해성 기후
- 언어 : 에스파냐어
- 면적 : 50만 6,030㎢

스페인

인류 역사가 숨 쉬는 나라
스페인

원래 이름은 **에스파냐**지만, 우리에게는 스페인이라는 영어 이름이 익숙해요.

스페인에는 아주 옛날부터 사람이 살았어요. 스페인 북부의 동굴에 그려진 그림을 보면 알 수 있어요. **세계에서 가장 오래된 동굴 벽화**래요. 그뿐만 아니라 역사적으로 중요한 *유물도 아주 많이 남아 있어요.

스페인은 옛날에 **무적함대**라고 불릴 정도로 아주 힘이 센 나라였어요. 그래서 많은 나라가 지금도 **에스파냐어**를 사용하지요.

스페인 사람들은 그런 사실을 자랑스럽게 여겨서 조상의 흔적이 남은 것이라면 무엇이든 아주 소중히 여겨요. 덕분에 세계 여러 나라에서 끊임없이 **관광객**들이 찾아온답니다.

*유물 : 과거의 인류가 지금의 우리에게 남긴 물건을 말해요.

스페인 탐험

올라~

01 투우

투우는 스페인을 대표하는 문화로 빨간색 천을 흔들며 소와 겨루는 경기예요. 원래는 신에게 황소를 바치는 의식에서 비롯되었대요. 투우사는 중세의 분위기가 느껴지도록 금과 은으로 화려하게 장식한 옷을 입어요. 그리고 엄숙하면서도 다채로운 동작으로 소와 맞서지요. 또 모든 경기가 끝날 때까지 옛날부터 전해 오는 규칙을 엄격하게 지킨대요.

"소와 겨루는데 빨간색 천이 필요하다고요?"

02 플라멩코

스페인의 민속 무용으로 '타블라오'라는 전문 공연장이 있어요. 발을 구르는 소리와 손뼉 치는 소리, 기타 반주와 슬픈 노래, 이 모든 소리가 어우러진 춤이 바로 플라멩코랍니다.

"쿵쿵! 짝짝! 춤을 춰 보아요!"

03 알타미라 동굴 벽화

옛날에는 돌을 깨서 갖가지 도구를 만들었어요. 이 동굴의 벽화는 그 시대에 그린 거예요. 여러 동물이 그려져 있는데, 사냥이 잘되길 바라는 마음이 담겨 있지요.

"여기 그린 동물들 모두 잡게 해 주세요!"

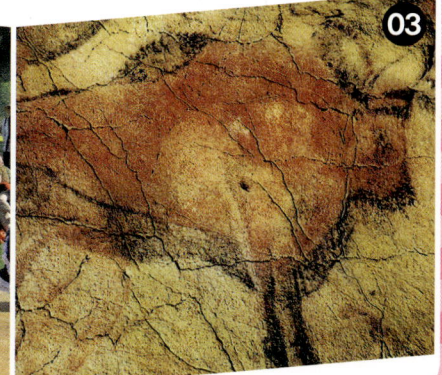

스페인 아이들은 1월 6일을 손꼽아 기다려요. 왜 이날을 기다릴까요?

01 무엇이든 마음껏 먹을 수 있어서

02 이날 하루는 숙제를 하지 않아도 되므로

03 선물을 세 개나 받아서

04 온종일 잠만 자도 혼나지 않아서

생각 키우기

1월 6일은 '동방 박사의 날'이에요. 동방 박사는 아기 예수가 태어났을 때, 별을 보고 찾아온 사람들이지요. 그들은 세 가지 예물로 아기 예수의 탄생을 축하했어요. 스페인에서는 산타클로스 할아버지가 아니라 동방 박사가 선물을 준다고 생각해요. 그래서 이날 선물을 주고받지요. 세 가지 예물처럼 세 개, 또는 그 이상의 선물을 받는답니다.

정답 ❸

GUESS 29 — 어디일까요?

첫 번째 힌트	★ 수도는 **앙카라**예요.
두 번째 힌트	★ 가장 큰 도시는 **이스탄불**이지요.
세 번째 힌트	★ **아시아와 유럽을 잇는 나라**예요.
네 번째 힌트	★ 아주 맛있는 **케밥**이 있어요.
다섯 번째 힌트	★ 흔들흔들 신나는 밸리 댄스!

 결정적 힌트 : "형제의 나라"

Turkey

터 → ㅌ ㅋ

- 대륙 : 아시아
- 기후 : 대륙성, 해양성 기후
- 언어 : 터키어
- 면적 : 78만 3,562㎢

터키

동서양의 문화가 어우러진
터키

터키는 **아시아**에 속할까요? **유럽**에 속할까요? 세계의 도시 중에 두 대륙 사이에 끼어 있는 도시는 오직 하나, 터키의 **이스탄불**뿐이에요. 이스탄불의 반쪽은 아시아에, 반쪽은 유럽에 걸쳐져 있지요.

터키인의 조상은 역사상 가장 큰 나라였던 **오스만투르크** 제국의 주인이기도 했어요. 동양은 물론 유럽, 아프리카를 차지할 정도로 아주 넓었지요.

그래서 터키에는 자연스럽게 **동양과 서양의 문화**가 어우러져 있답니다.

터키는 우리나라가 *한국전쟁을 치를 때 *연합군으로 군대를 보내 도와준 나라예요. 그때 터키의 많은 젊은이가 우리를 위해 목숨을 바쳤어요. 그래서 우리나라 사람들은 터키를 **형제의 나라**라고 부르기도 하지요.

***한국전쟁** : 1950년 6월 25일 새벽에 북한군이 갑자기 남한을 공격하면서 일어난 전쟁을 말해요.
***연합군** : 두 개 이상의 국가가 함께 구성한 군대를 말해요.

터키 탐험

메르하바~

01 트로이

터키 서쪽에 있는 고대 도시의 유적이에요. 트로이는 그리스 신화에도 나오는 곳이지요. 아주 옛날, 그리스와 트로이가 전쟁을 했어요. 그런데 아무리 싸워도 트로이를 이길 수 없자 그리스는 한 가지 꾀를 냈어요. 그리스 군인을 숨겨 놓은 커다란 *목마를 트로이 왕에게 선물한 것이지요. 그리스 군사들이 숨어 있는 것을 몰랐던 트로이는 성안으로 목마를 들여 전쟁에서 지고 말았답니다.

*목마 : 나무로 만든 말 모양의 인형이에요.

"목마 때문에 전쟁에서 졌다고?"

02 케밥

"개밥? NO! 케밥!!"

터키 요리는 중국과 프랑스 요리에 이어 세계 3대 요리래요. 케밥은 터키의 대표 요리로 '꼬챙이에 끼워 불에 구운 고기'를 뜻해요. 종류가 무려 200~300가지나 있답니다.

03 아라라트산

아주 옛날에 하나님이 많은 비를 내려 세상을 물에 잠기게 했어요. 이때 노아의 가족만 살아남았는데, 노아가 타고 있던 *방주가 도착한 곳이 이 산의 꼭대기였대요.

"노아의 방주가 도착한 곳!"

*방주 : 네모 모양의 배를 말해요.

터키에서는 동물들도 레슬링을 한대요.
과연 어떤 동물일까요?

01 원숭이

02 낙타

03 뱀

04 돼지

생각 키우기

옛날에 이곳저곳을 다니며 낙타를 팔던 상인들이 시작한 놀이예요. **주로 낙타들이 화를 많이 내는 12월부터 3월까지 열려요. 이때는 낙타가 먹이를 먹지 않고 되새김질만 하기 때문이에요.** 특별한 규칙은 없지만 낙타가 크게 다치지 않도록 경기 시간은 10~15분 정도랍니다. 먼저 무릎을 꿇거나 소리를 지르는 낙타가 지지요.

정답 ❷

GUESS 30

어디일까요?

첫 번째 힌트	★ 수도는 **산타페데보고타**예요.
두 번째 힌트	★ **에메랄드**가 아주 많아요.
세 번째 힌트	★ **엘도라도**.
네 번째 힌트	★ 옛날에는 **스페인의 지배**를 받았어요.
다섯 번째 힌트	★ **커피**가 유명해요.

결정적 힌트 "콜럼버스의 이름에서 나라 이름을 따왔대요"

Colombia

콜

ㅋㄹㅂㅇ

● 대륙 : 아메리카
● 기후 : 열대우림 기후
● 언어 : 에스파냐어
● 면적 : 113만 8,910km²

콜롬비아

또 하나의 스페인
콜롬비아

　새로운 땅을 찾고자 바다를 누비던 스페인이 가장 먼저 도착한 곳이 바로 **콜롬비아**예요.
콜롬비아에는 **스페인이 남긴 흔적**이 무척 많지요.
　우선 스페인과 같은 말을 사용해요. 그리고 콜롬비아 사람들은 대부분 스페인계 백인이거나 스페인 사람의 피가 섞인 혼혈인이지요. 그뿐만이 아니에요.
　예전에는 나라 이름조차 '**누에바 그라나다**'였대요. '누에바'는 새롭다는 뜻이고, '그라나다'는 스페인에 있던 왕국 이름이에요. 그러니 나라 이름부터 **새로운 스페인**이라는 뜻이잖아요.
　콜롬비아는 음악과 수공예 등에서 ***민속 예술**이 발달했어요. 하지만 무엇보다 유명한 건 **커피**예요. 세계에서 3위 안에 들 정도로 많은 커피를 생산한답니다.

*민속 예술 : 일반 백성에게 내려오는 풍습, 습관, 신앙과 관련 있는 예술을 말해요.

콜롬비아 탐험

01 에메랄드 광산

에메랄드는 녹색의 값비싼 보석이에요. 콜롬비아에서 가장 많이 나온다고 하지요. 지금은 에메랄드를 캐지 않는 곳도 있지만, 콜롬비아에 있는 에메랄드 광산은 무려 150개나 되지요. 그중 가장 유명한 곳이 무조 광산과 치보르 광산인데, 이 지역은 고대 잉카 문명 때부터 에메랄드를 캐 온, 아주 오래된 광산이랍니다.

02 콜럼버스

"지구는 둥글다니까!"

콜럼버스는 이탈리아의 탐험가예요. 대부분 사람들이 바다의 끝은 낭떠러지라고 했을 때, 지구가 둥글다는 것을 믿고 서쪽을 향해 계속 항해하여 새로운 땅을 발견했지요. 콜롬비아라는 나라 이름은 콜럼버스의 이름을 따서 지은 거래요.

03 커피

콜롬비아는 커피가 참 유명해요. 커피가 많이 나는 안데스 산맥은 차로 다니기 불편해서 농부들이 당나귀로 커피를 운반하지요. 콜롬비아의 커피를 홍보하는 당나귀와 '후안 발데즈'라는 콧수염 난 농부 아저씨 덕분에 이곳의 커피가 더 유명하답니다.

"당나귀가 커피를 운반한다고요?"

커피밭

01

02

03

아주 옛날에 콜롬비아 원주민들은 1년에 한 번 호수에 꼭 던지는 것이 있었어요. 무엇일까요?

01 바위

02 황금 보물

03 동전

04 꽃

생각 키우기

콜롬비아 사람들은 1년에 한 번씩 뗏목을 타고 호수 한가운데로 가서 황금 보물을 던지고 제사를 지냈어요. 이때 왕은 온몸에 금가루를 칠했는데, **이런 풍습 때문에 황금으로 만들어진 도시와 황금 인간이 있다는 상상의 나라 엘도라도에 대한 소문이 퍼지기 시작했지요.** 그래서 황금을 차지하려는 스페인 사람들이 오랫동안 엘도라도를 찾아 나서기도 했답니다.

정답 ❷

GUESS 31 어디일까요?

- **첫 번째 힌트** ★ 수도는 **프리토리아 외 세 곳**이에요.
- **두 번째 힌트** ★ 세계에서 **가장 큰 타조농장**이 있대요.
- **세 번째 힌트** ★ **다이아몬드**와 **황금**이 **많다고** 전해져요.
- **네 번째 힌트** ★ **피부색**으로 **차별**했어요.
- **다섯 번째 힌트** ★ 피부색이 검은 사람들이 많이 살아요.

결정적 힌트 "남쪽의 아프리카 공화국!"

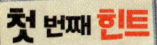

Republic of South Africa

남 → ㄴㅇㅍㄹㅋㄱㅎㄱ

- **대륙** : 아프리카
- **기후** : 아열대성, 건조 기후
- **언어** : 영어, 아프리칸스어, 9개 부족어
- **면적** : 121만 9,090km²

남아프리카공화국

피부색으로 사람을 나누던 나라
남아프리카공화국

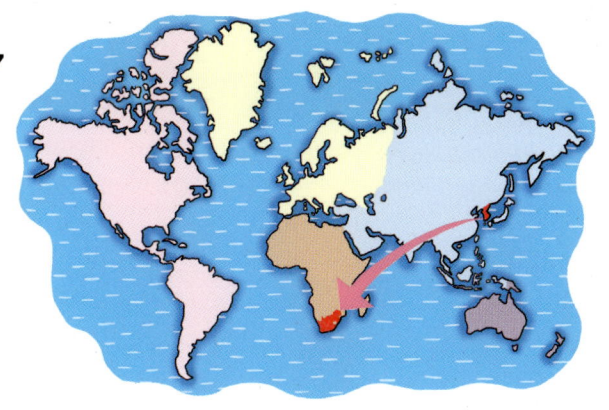

'아프리카' 하면 **흑인들의 나라**라고 생각해요.
하지만 남아프리카공화국은 오랫동안 **백인을 위한 나라**였어요. 100명이 산다면, 백인은 불과 16명꼴로 살면서 훨씬 많은 흑인을 지배하며 아주 심하게 차별했지요.
흑인은 하고 싶은 일이 있어도 마음대로 할 수 없었고, 흑인이 살 수 있는 지역은 따로 정해져 있었어요.
심지어 화장실이 급해도 백인을 위한 화장실에는 들어갈 수 없었지요. 그럼에도 흑인들은 이런 **법**을 바꿀 수조차 없었어요. 자기네 나라 대통령을 뽑는 선거에도 참여할 수 없었기 때문이에요.
하지만 남아프리카공화국은 많이 변해 왔어요. 이제는 백인을 위한 나라가 아닌 모두를 위한 나라를 만들고자 계속해서 달라지고 있답니다.

남아프리카공화국 탐험

01 희망봉

아프리카 대륙에서 가장 남쪽에 있는 땅이에요. 1488년에 항해를 하던 포르투갈 사람이 처음 발견했어요. 그리고 몇 년 뒤, 이곳을 지나 인도로 가는 새로운 바닷길을 찾아냈다고 하여 희망봉이라고 불렀지요. 하지만 아프리카 사람들은 이곳이 발견되면서 유럽 사람들에게 많은 것을 빼앗겨 절망봉이라고 불렀지요. 지금은 남아프리카공화국에서 최고의 관광지로 많은 사람이 찾아오는 곳이랍니다.

"희망봉? 절망봉?"

02 다이아몬드

"보석 중의 보석"

다이아몬드는 옛날부터 아주 귀한 보석으로 왕이나 귀족만 구할 수 있었어요. 그런데 남아프리카공화국에 다이아몬드가 있는 넓은 지역이 발견되면서, 세상에 그 존재가 널리 알려지기 시작했지요. 하지만 가격이 무척 비싸 지금도 결혼식 때 기념으로 주고받는 선물 정도로만 쓰여요.

03 넬슨 만델라

"남아프리카공화국의 흑인 대통령이라고요?"

남아프리카공화국에서 처음으로 대통령이 된 흑인이에요. 27년간 감옥에 있으면서도 포기하지 않고 흑인을 위해 싸웠지요. 그 덕분에 남아프리카공화국은 이제 피부색으로 사람을 나누지 않게 되었답니다.

01

02

03

정말? 정말!

옛날에 남아프리카공화국의 줄루 족 사람들은 (　　　)이 땅에 떨어지면 죽는다고 믿었어요. **무엇일까요?**

01 추장의 침

02 눈

03 낙엽

04 머리카락

생각 키우기

줄루 족 사람들은 **추장의 침이 땅에 떨어지면 죽는다고 믿었어요. 그래서 추장 옆에는 침을 받으려고 따라다니는 사람이 있었지요.** 이런 풍습은 프리토리아의 볼트레커 기념관에 있는 조각에 나타나 있어요. 줄루 족 최고의 지도자, 샤카 추장이 백인들과 협상하는 장면을 보면, 추장 옆에 무릎 꿇고 두 손을 모으고 앉아 있는 사람이 있답니다.

정답 ❶

GUESS 32 어디일까요?

- **첫 번째 힌트** ★ 수도는 **프라하**예요.
- **두 번째 힌트** ★ 발음이 어려운 언어로 **기네스북**에 올랐죠.
- **세 번째 힌트** ★ **로봇**이라는 말을 처음 만들었대요.
- **네 번째 힌트** ★ **아이스하키**를 정말 좋아해요.
- **다섯 번째 힌트** ★ 줄로 움직이는 마리오네트 인형.

 **결정적 힌트** "체코슬로바키아"

Czech

체
↓
ㅊ ㅋ

- ●대륙 : 유럽
- ●기후 : 서안 해양성, 대륙성 기후
- ●언어 : 체코어
- ●면적 : 7만 8,867㎢

체 코

함께, 그리고 따로
체코

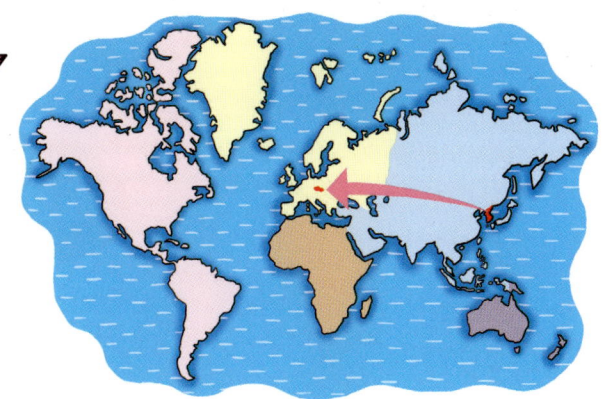

체코는 사실 오랜 기간 다른 나라의 지배를 받았어요.
하지만 1918년에 이 지역을 지배하던 **오스트리아**가
제1차 세계대전에서 지고 말았어요.
그래서 체코는 슬로바키아와 함께 **체코슬로바키아**라는
이름으로 독립할 수 있었지요.
같은 **슬라브 민족**임에도 체코와 슬로바키아는
서로 문화가 달라서 마음속으로 꿈꾸는 나라도 달랐지요.
그래서 1993년부터는 다시 원래대로 돌아가
체코와 슬로바키아로 나뉘었어요.
꿈에도 소원은 통일이라는 우리나라의 *처지에서는
깜짝 놀랄 만한 소식이었지만, 두 나라는 다툼 없이 서로가
원하는 대로 행복한 이별을 했답니다.

***처지** : 처하여 있는 형편이나 사정을 말해요.

체코 탐험

01 마리오네트 인형

마리오네트는 실로 매달아 움직이는 인형극으로 체코의 전통 문화예요. 거리를 걷다 보면, 마리오네트 가게를 흔히 볼 수 있지요. 마리오네트가 체코인들에게 사랑받는 이유 중 하나는 체코인의 정신이 담겨 있기 때문이에요. 다른 나라의 지배를 받아 체코어를 사용할 수 없을 때도 마리오네트 공연단들은 지방을 돌며 체코어로 공연을 했답니다.

02 아이스하키

"체코 사람들이 가장 좋아하는 운동은?"

체코 사람들이 가장 사랑하는 스포츠는 아이스하키래요. 그래서 "체코의 남자아이는 하키 스틱을 가지고 태어난다."라고 말할 정도지요.

03 로봇의 고향

"삐리비리비리~"

로봇

'로봇'은 체코 작가 차페크가 자신의 글에 처음으로 쓴 단어예요. 인간보다 나은 작업 능력을 갖췄지만, 감정이 없는 *인조인간을 로봇이라고 했지요.

*인조인간 : 인간의 행동이나 일을 자동으로 하게 만든, 인간 모습을 한 기계예요.

01

02

03

체코의 전통 민속 무용인 폴카는 '( ) 아가씨'라는 뜻이래요.
과연 어느 나라의 아가씨일까요?

01 체코

"체코 춤인데, 당연히 체코 아가씨지!"

02 한국

"한국 아가씨가 가장 예쁘잖아!"

03 폴란드

"폴란드 사람들이 행복해졌으면 좋겠어."

04 옆집

"지금 옆집 아가씨는 뭘 하고 있을까?"

생각 키우기

폴카는 보헤미아 지방에서 시작된 체코의 민속춤과 음악이에요. 경쾌한 리듬으로 많은 사람에게 즐거움을 주지요. **폴카는 유럽 전 지역으로 퍼져 나가 큰 인기를 누렸어요. 그런데 당시 폴란드는 러시아로부터 심한 괴롭힘을 당하고 있었어요. 그래서 폴란드 사람들에게 힘을 주려고** 춤의 이름을 '폴란드 아가씨'라는 뜻의 폴카라고 지었답니다.

정답 ❸

GUESS 33

어디일까요?

첫 번째 힌트	★ 수도는 **예루살렘**이에요.
두 번째 힌트	★ **집단 농장**이 많아요.
세 번째 힌트	★ 아직도 **싸움이 끊이지 않아요**.
네 번째 힌트	★ '**탈무드**' 이야기가 시작된 나라!
다섯 번째 힌트	★ 이 나라 사람들을 유대인이라고 하지요.
결정적 힌트	"예수가 태어난 베들레헴"

Israel

이

ㅇㅅㄹㅇ

- ● 대륙 : 아시아
- ● 기후 : 지중해성 기후
- ● 언어 : 히브리어, 아랍어
- ● 면적 : 2만 770㎢

205

이스라엘

땅을 되찾기 위해 싸우는
이스라엘

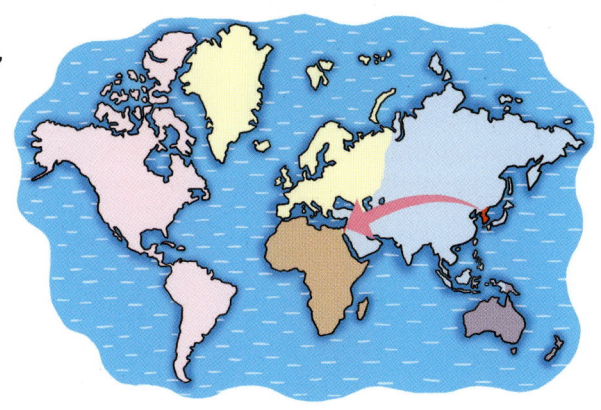

유대인의 나라 이스라엘을 아나요?

옛날에 이스라엘 사람들은 **로마**에 나라를 빼앗기고 2천 년이 넘는 긴 시간 동안 세계 곳곳에 흩어져 살았어요. 하지만 한 번도 나라를 되찾겠다는 꿈을 잃지 않았지요. 그래서 그들은 어디에 살든지 이스라엘만의 **문화**를 지켜 나갔답니다.

1948년, 이스라엘은 드디어 나라를 되찾았어요.

하지만 이스라엘 사람들이 떠났던 그곳에는 이미 새로운 사람들이 *터전을 잡아 살고 있었지요.

바로 **팔레스타인** 사람들이에요.

이들은 서로 함께 살기엔 종교와 문화가 너무 달라요. 그래서 지금도 이 지역에서는 싸움이 끊이지 않고 있어요. 자기들의 땅을 지키기 위해서지요.

*__터전__ : 생활의 근거지가 되는 곳을 말해요.

이스라엘 탐험

샬롬~

01 키부츠

키부츠는 여럿이 함께한다는 뜻이 있어요. 1909년에 어려운 환경 속에서도 나라를 되찾으려는 운동을 벌이면서 처음 생겨났지요. 그래서 모든 생활을 함께하면서 일도 같이해요. 보통은 집단 농장을 말하지만, 농업뿐만 아니라 식품이나 기계 부품을 만드는 일도 통틀어 키부츠라고 부른답니다.

"함께 힘을 모아 살아요!"

02 베들레헴

"응애! 응애! 예수님이 태어나셨어요."

베들레헴은 예수 그리스도가 태어난 곳이에요. 그래서 해마다 크리스마스가 되면 전 세계에서 모여든 사람들로 거리가 붐비곤 하지요. 1995년 이스라엘은 베들레헴을 팔레스타인에 돌려주었어요.

03 탈무드

"책! 책! 책을 읽어요!"

『탈무드』는 유대인에게 전해져 오는 책이에요. 종교에 대한 규칙부터 옛이야기에 이르기까지 많은 내용이 담겨 있어요. 지혜로운 가르침도 많아 전 세계 사람들이 즐겨 읽어요.

01

02

03

이스라엘 여자들은 어른이 되면 꼭 가야 하는 곳이 있대요. 그곳이 어디일까요?

01 미용실

02 군대

03 요리 학원

04 은행

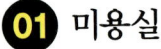

이스라엘은 주변 나라들과 그다지 사이가 좋지 않아요. 늘 **전쟁이 일어날 위험에 빠져 있지요.** 그 때문에 언제라도 싸울 수 있는 **튼튼한 군대가 필요해요.** 그래서 18세 이상의 어른이 되면 남자는 물론 여자도 군대에 가요. 남자는 2년 8개월, 여자는 2년 동안 훈련을 받아야 한답니다.

정답 ❷

GUESS 34 어디일까요?

첫 번째 힌트	★ 수도는 **산티아고**예요.
두 번째 힌트	★ **로빈슨 크루소**가 살던 섬이 있대요.
세 번째 힌트	★ 세계에서 **가장 높은 화산**이 있어요.
네 번째 힌트	★ **포도**가 맛있어요.
다섯 번째 힌트	★ **돌하르방**을 닮은 큰 석상들이 있어요.

결정적 힌트: "세계에서 가장 긴 나라"

Chile

칠 → ㅊ ㄹ

- 대륙 : 아메리카
- 기후 : 아열대, 지중해성, 건조 기후
- 언어 : 에스파냐어
- 면적 : 75만 6,096km²

칠레

자연의 신비한 조화
칠레

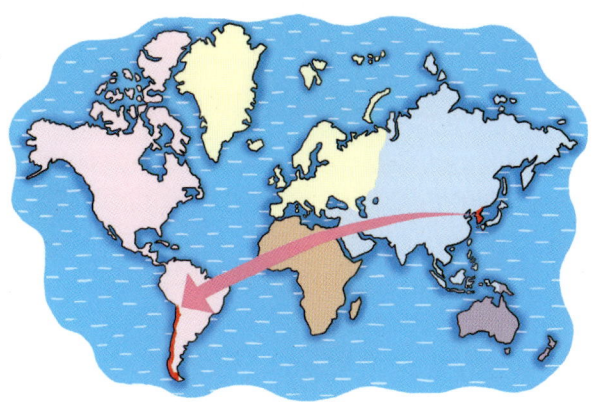

칠레는 **세계에서 가장 긴 나라**예요.

그 길이가 얼마나 되는지 아세요? 서울에서 부산까지 열 번은 왔다 갔다 해야 하는 거리예요. 하지만 폭은 세계에서 가장 좁아요. 그래서 산맥과 바닷가를 따라 자리 잡은 **긴 띠 모양**을 하고 있지요.

북쪽에는 세계에서 가장 높은 **화산**이 있는가 하면, 지구에서 가장 *건조한 지역인 아타카마 **사막**도 있어요. 어디 그것뿐인가요?

남쪽에는 태평양 위를 둥둥 떠다니는 거대한 **얼음덩어리**가 있어서 사람들을 놀라게 하고 마젤란 해협에 있는 **마그달레나섬**은 펭귄 공화국으로 불릴 정도로 **펭귄**이 많이 산답니다. 칠레를 둘러보면, 마치 작은 **지구**를 보는 것 같아 참 신기해요.

---

*건조 : 습기나 물기가 없는 마른 상태를 말해요.

칠레 탐험

올라~

01 라파누이 국립 공원

이스터섬에 있는 국립 공원이에요. 네덜란드의 한 탐험가가 부활절(Easter: 이스터)에 섬을 발견해서 이스터섬이라 불렀는데, 원주민들은 '라파누이'라고 불러요. 이 국립 공원은 섬에 있는 거대한 *석상과 무덤을 보존하고자 만들었지요. '모아이'라고 부르는 석상은 높이가 4~5미터, 무게가 4~5톤 정도예요. 이런 석상이 섬 여기저기에 흩어져 있어 무척 신비롭게 느껴진답니다.

*석상 : 돌로 조각하여 만든 형상이에요.

"모아이! 도대체 누가 가져다 둔 거야?"

"진짜 로빈슨 크루소가 살았다고?"

02 후안페르난데스 제도

로빈슨 크루소를 아나요? 바다로 모험을 떠났다가 무인도에서 혼자 살게 된 사람이에요. 그런데 이건 지어낸 이야기가 아니에요. 이 이야기의 진짜 주인공이 바로 이 섬에 살았다니까요.

03 아타카마 사막

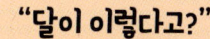
"달이 이렇다고?"

칠레 북부에 있는 사막이에요. 지구에서 가장 메마른 땅이지요. 달과 환경이 가장 비슷해서 우주인들이 훈련을 받는 곳이기도 하답니다.

01

02

03

칠레의 중요한 수출품으로 그 양이 점점 늘어나고 있는 것은 **무엇일까요?**

01 권투 글러브

"자꾸 칠래?"

02 포도

"오잉~! 이 포도는 껍질도 먹네."

03 밧줄

"칠레만큼 긴 밧줄 팝니다!"

04 무인도에서 살아남는 방법이 적힌 설명서

"하하! 나보다 무인도에서 잘 살 사람은 없을걸?"

생각 키우기

칠레에서는 1548년부터 포도를 재배했어요. 날씨가 맑고 포도가 자라기 좋은 땅이라 아주 잘 자랐지요. 또 프랑스에서 여러 품종을 들여와서 포도의 품질을 높일 수 있었어요. 덕분에 포도주 산업도 급성장하여 세계적인 포도주 생산국이 되었지요. 우리나라에는 껍질까지 먹는 포도가 들어와 인기를 끌기도 했답니다.

정답 ❷

GUESS 35

어디일까요?

첫 번째 힌트	★ 수도는 **헬싱키**예요.
두 번째 힌트	★ 가장 **북쪽에 있는 나라**지요.
세 번째 힌트	★ 수증기를 이용한 전통 목욕, **사우나**!
네 번째 힌트	★ **호수**가 아주 많아요.
다섯 번째 힌트	★ **산타클로스 할아버지**가 있어요!

결정적 힌트: "휘바! 휘바! 자일리톨"

Finland

핀 → ㅍㄹㄷ

- 대륙 : 유럽
- 기후 : 냉대 기후
- 언어 : 핀란드어, 스웨덴어
- 면적 : 33만 8,145㎢

핀란드

호수의 나라
핀란드

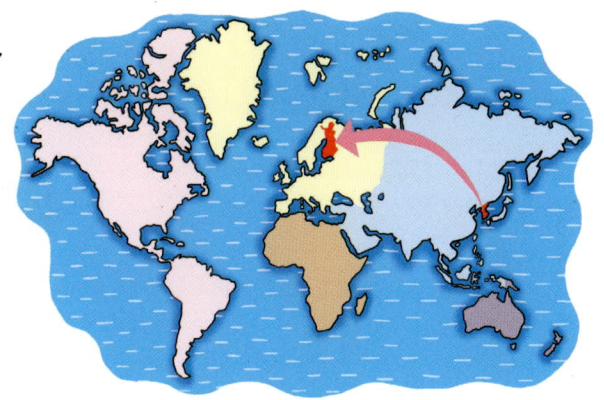

　핀란드는 **중앙아시아**, 즉 지금의 러시아 고원에서 옮겨 온 **핀 족**이 세운 나라예요.
　하지만 **스웨덴**과 **러시아** 사이에 있어 오랫동안 두 나라의 지배를 받아야 했지요.
　1917년에 러시아에서 벗어난 뒤에도 전쟁을 비롯한 온갖 어려움을 겪었어요. 그 모든 *고통을 이겨 내고 지금은 모든 분야에서 탄탄하게 발전하고 있답니다.
　핀란드는 호수의 나라라고 불릴 정도로 호수가 많아요. 그 주변으로 숲이 우거져 경치가 무척 아름다울 뿐만 아니라 **나무**를 다양하게 이용할 수 있어요.
　유럽에서 가장 북쪽에 있어서 깜깜한 밤에도 해가 지지 않을 때가 있는 나라랍니다.

***고통** : 몸이나 마음이 괴롭고 아픈 것을 말해요.

핀란드 탐험

모이 모이~

01 산타 마을

핀란드 로바니에미에는 산타 마을이 있대요. 어린이들에 관한 책으로 꽉 찬 도서관과 전 세계 어린이들이 보낸 편지로 가득한 우체국이 있지요. 우체국으로 온 편지는 나라별로 나뉘어 산타 할아버지에게 전해져요. 그럼 할아버지는 열두 나라 말을 할 수 있는 비서들의 도움을 받아 모든 편지에 답장을 써 준대요.

"산타 할아버지, 안녕하세요!"

02 사우나

사우나는 핀란드어로 '목욕', '목욕탕'이라는 뜻이에요. 뜨겁게 달군 돌에 물을 끼얹을 때 생기는 증기를 이용하지요. 핀란드 사람들은 자기 집에 자동차보다 사우나를 더 많이 가지고 있대요.

"땀 좀 빼 볼까?"

"휘바! (잘했어요!) 자일리톨."

03 자일리톨

자일리톨은 자작나무나 떡갈나무에 들어 있어요. 단맛을 더해 주는 재료로 충치를 예방하는 효과도 있지요. 핀란드에서는 1970년대부터 자일리톨을 이용하여 국민의 치아를 건강하게 만들었어요.

01

02

03

핀란드에서 유래한 대회 중, 남편이 아내를 업고 뛰는 대회가 있어요. 상을 주는 기준이 **무엇일까요?**

01 아내의 몸무게

02 남편의 몸무게

03 거리

04 신발

생각 키우기

옛날, 핀란드에서는 장가 못 간 산적들이 몰래 여자를 업고 도망갔대요. **그 풍습에서 유래한 대회로 남편이 아내를 거꾸로 업고 물을 건너거나 장애물을 넘어 열심히 달려야 해요.** 대회에서 우승하면 아내의 몸무게보다 다섯 배 많은 돈을 상금으로 타거나 아내 몸무게만큼의 맥주를 받지요. 아내가 너무 날씬하면 참가할 수 없답니다.

정답 ❶

GUESS 36 어디일까요?

첫 번째 힌트	★ 수도는 **부다페스트**예요.
두 번째 힌트	★ **온천**이 무척 많아요.
세 번째 힌트	★ 조상이 **동쪽에서 온 사람들**이지요.
네 번째 힌트	★ 멋진 곡을 연주하는 **집시들의 나라**!
다섯 번째 힌트	★ 헝그리~ 배가 고파요?

결정적 힌트 "〈헝가리 광시곡〉"

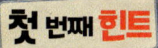

Hungary

헝 → ㅎ ㄱ ㄹ

● 대륙 : 유럽
● 기후 : 대륙성 기후
● 언어 : 헝가리어
● 면적 : 9만 3,028㎢

 헝가리

유럽과 뿌리가 다른 나라
헝가리

　물, 나무나 풀을 찾아 떠돌아다니며 가축을 모는 사람들을 **유목민**이라고 해요.
　헝가리는 이런 유목민들이 세운 나라예요. 그래서 주변 나라들과 말이나 문화가 많이 다르지요.
　수도인 **부다페스트**는 누구나 인정할 만큼 동쪽에 있는 유럽의 어떤 도시보다 크고 **아름답기**로 손꼽힌답니다.
　헝가리는 오랜 기간 여러 나라의 지배를 받았어요. 제2차 세계대전 이후에는 소련 때문에 **사회주의 국가**가 되었지요. 그러다 자유에 대한 바람으로 헝가리만의 독특한 사회주의를 만들어 동유럽에서 가장 먼저 변화를 일으키는 데 성공했어요. 농업이 발달해서 동쪽에 있는 유럽의 ***곡창 지대**라고도 불린답니다.

*곡창 지대 : 곡식이 많이 나는 곳을 말해요.

헝가리 탐험

01 집시

집시는 집 없이 여기저기를 떠돌아다니며 사는 사람들을 말해요. 헝가리를 중심으로 유럽의 여러 지역을 돌아다니며 살지요. 신비한 분위기로 점을 보거나 음악에 뛰어난 재능을 가진 사람들이 많아요. 헝가리의 대표적인 음악가인 리스트는 집시들의 춤곡을 소재로 〈헝가리 광시곡〉을 작곡하여 더욱 유명해졌어요.

"아, 따뜻해! 여기도 온천, 저기도 온천!"

02 온천

헝가리는 국토의 3분의 2가 온천을 *개발하기에 좋은 곳이에요. 온천 문화가 잘 발달되어 있어 온천을 즐기려고 여행을 오는 사람들도 많지요.

*개발: 천연자원 따위를 생활에 도움이 되게 하는 일이에요.

03 크루아상

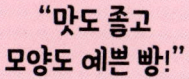

"맛도 좋고 모양도 예쁜 빵!"

서양에서 아침 식사용으로 사랑받는 초승달 모양의 빵이에요. 많은 사람이 프랑스 빵이라고 알고 있지만, 헝가리 빵이 오스트리아를 거쳐 프랑스로 전해진 것이지요.

01

02

03

헝가리에서는 결혼식 축하 잔치 때 신랑이 친구들에게 돈을 주고 뭔가를 산다고 해요. 무엇일까요?

01 꽃

02 인형

03 신부의 구두

04 식사

생각 키우기

헝가리에서는 결혼식이 끝나고 **축하 잔치를 할 때 친구들끼리 하는 재미있는 풍습이 있어요. 신랑 친구들이 신부의 구두를 거의 빼앗다시피 벗겨 쟁반 위에 올려놓아요.** 그럼 신랑은 돈을 주고 신부의 구두를 사서 포도주를 가득 담지요. 그러고는 의자 위에 올라가 모든 손님이 보는 앞에서 단숨에 마시는 거예요. 으윽! 구두에서 고약한 냄새가 나면 어떡하지요?

정답 ❸

GUESS 37

어디일까요?

첫 번째 힌트	★ 수도는 **바그다드**예요.
두 번째 힌트	★ **석유**는 물론 **천연가스**도 많이 있어요.
세 번째 힌트	★ **고대 문명 중 하나**가 시작된 곳이에요.
네 번째 힌트	★ **전쟁의 상처**가 무척 커요.
다섯 번째 힌트	★ 우리나라도 군인을 파병해요.

결정적 힌트: "이슬람교가 국교예요"

Iraq

이
↓
ㅇㄹㅋ

● 대륙 : 아시아
● 기후 : 지중해성, 건조 기후
● 언어 : 아랍어
● 면적 : 43만 8,317km²

이라크

전쟁의 상처가 큰 나라
이라크

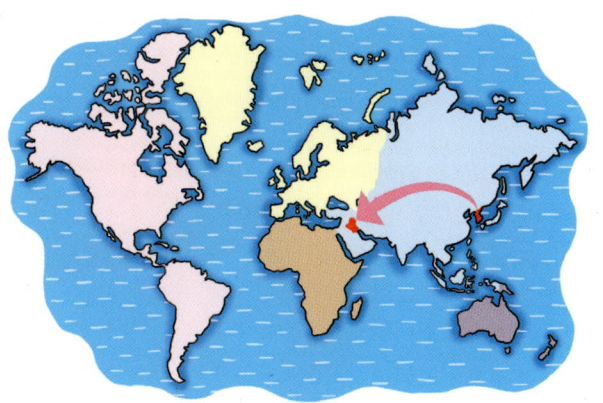

　이라크는 국토의 **5분의 2가 사막**이에요. 하지만 이라크 땅에는 **두 개의 강**이 흐르고 그 사이에 넓은 들판이 펼쳐져 있지요. 이 강 때문에 아주 옛날부터 이곳에 도시가 있었어요. 사람들은 멋진 건물도 짓고, 문자도 만들며, 예전의 원시생활보다 발전한 생활 모습인 '문명'이라는 것을 이루었지요.

　이곳에서 이룬 문명이 바로 **메소포타미아 문명**이에요. 메소포타미아 문명은 **세계 4대 문명** 중 하나로 세계에서 가장 오래된 문명이지요.

　지금 이라크에서는 그런 문명의 흔적들이 점점 사라지고 있어요. 몇 차례의 전쟁을 겪으면서 사람들과 함께 유적들도 큰 피해를 입었거든요. 안타깝지만 아직도 이라크는 **전쟁**의 고통에서 벗어나지 못하고 있답니다.

이라크 탐험

앗살라말라이쿰~

01 지구라트

아주 옛날에 메소포타미아 지역에 살던 사람들은 하늘의 신과 이 세상을 연결하고자 탑과 비슷한 지구라트를 만들었어요. 이라크 곳곳에 지구라트의 흔적이 많이 남아 있는데, 원래의 모습대로 남아 있는 것은 거의 없고 우르의 지구라트가 가장 잘 보존되어 있어요. 성경에 나오는 바벨 탑도 바빌론의 지구라트래요.

"하늘과 땅을 이어 주는 곳이라고요?"

02 전쟁

"석유가 생명보다 중요한가요?"

이라크는 오늘날에도 몇 차례 전쟁을 겪었어요. 전쟁의 원인은 무엇보다도 석유 때문이지요. 이라크가 싸우는 것도, 다른 나라가 이라크의 힘이 세지는 것을 막는 까닭도 서로 석유를 차지하려는 데서 비롯된 거래요.

03 자이툰 부대

"이라크의 평화를 되찾게 돕고 싶어요!"

이라크로 보냈던 우리나라 군대의 이름이에요. '자이툰'은 아랍어로, '올리브'라는 뜻이지요. 올리브는 평화를 나타내는 나무로, 이라크의 평화를 바라는 마음에서 지은 이름이에요.

01

02

03

이라크에는 하늘에 떠 있는 것처럼 높이 솟은 '공중 ( )'이 있었어요. 무엇일까요?

 **01** 정원

 **02** 그네

03 다리

 **04** 전망대

생각 키우기

아주 옛날에 지금의 이라크 땅에 바빌론이라는 나라가 있었어요. 여기에 있었던 **'공중 정원'은 바빌론의 왕이 왕비를 위해 만든 정원이래요.** 피라미드처럼 정원을 만들고 층계마다 예쁜 꽃과 나무로 채워 멀리서 보면 마치 작은 산처럼 보였대요. 비록 지금은 그 흔적을 찾아볼 수 없지만, 세계 7대 불가사의 중 하나로 사람들에게 기억되고 있어요.

정답 ❶

GUESS 38 어디일까요?

첫 번째 힌트 ★ 수도는 **바르샤바**예요.

두 번째 힌트 ★ **아우슈비츠** 수용소가 세워진 곳이지요.

세 번째 힌트 ★ **퀴리 부인**과 **쇼팽**이 태어난 곳이에요.

네 번째 힌트 ★ 가장 오래된 **소금 광산**이 있어요.

다섯 번째 힌트 ★ 농민의 땅!

결정적 힌트  "요한 바오로 2세"

Poland

폴
→ ㅍㄹㄷ

● 대륙 : 유럽
● 기후 : 해양성, 대륙성 기후
● 언어 : 폴란드어
● 면적 : 31만 2,685㎢

폴란드

농민의 땅
폴란드

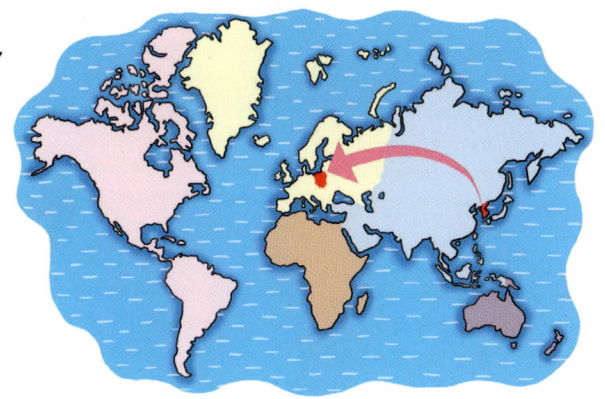

국토의 절반이 농사를 지을 수 있는 땅, 폴란드.

그래서 폴란드 사람들은 자신들의 나라를 폴스카라고 불렀어요. 폴스카는 **농민의 땅**이라는 뜻이거든요.

땅을 사랑하는 폴란드 사람들은 애국심도 남달라요.

특히 다른 나라의 지배를 받은 가슴 아픈 역사를 겪으면서 폴란드 사람들의 ***애국심**은 더욱 뜨거워질 수밖에 없었지요.

한때 힘센 나라들이 멋대로 쳐들어와서 땅을 셋으로 나누어 지배했어요. 또 독일 나치에게 가장 많은 **유대인**이 죽임을 당했지요.

하지만 폴란드 사람들은 하나로 똘똘 뭉쳐 모든 어려움을 이겨 냈답니다.

***애국심** : 자기 나라를 사랑하는 마음을 말해요.

폴란드 탐험

01 아우슈비츠 수용소

제2차 세계대전 때, 폴란드를 차지했던 독일군은 아우슈비츠라는 도시에 *강제 수용소를 만들었어요. 그리고 폴란드 사람들은 물론 유럽 곳곳에서 전쟁 포로와 유대인을 붙잡아 왔지요. 사람들은 갇힌 채 힘든 일을 하다가 죽어 갔어요. 이곳에서 희생된 사람의 수가 무려 400만 명이 넘어요. 지금도 그들의 영혼을 위로하고자 많은 사람이 찾아온답니다.

*강제 수용소 : 많은 사람을 그들의 뜻과 상관없이 억지로 끌고 와 가두어 두는 곳이에요.

"내가 요한 바오로 2세!"

02 요한 바오로 2세

폴란드에서 태어났으며, 2005년에 세상을 떠난 교황이에요. 교황은 가톨릭에서 가장 높은 성직자지요. 요한 바오로 2세는 종교뿐만 아니라 평화, 인권, 자유 등 시대가 안고 있는 문제를 극복하기 위해 힘써서 많은 사람의 존경을 받았어요.

"소금을 광산에서 캐낸다고요?"

03 비엘리치카 소금 광산

700년 동안이나 소금을 캐낸 광산이에요. 옛날에는 이 광산 덕분에 폴란드 왕국이 부자였대요. 9층으로 나뉘었는데, 깊이는 약 300미터에 총 길이는 무려 300킬로미터나 되지요.

폴란드 사람들에게 선물할 때, 절대로 짝수로 주면 안 되는 것이 있대요. 무엇일까요?

01 양말

02 꽃

03 사탕

04 장갑

생각 키우기

폴란드 사람들은 꽃을 좋아해요. 그래서 꽃을 선물로 받으면 무척 행복해하지요. 하지만 꽃을 줄 때 몇 송이인지 반드시 확인해야 해요. 절대로 짝수로 선물하면 안 되거든요. 죽은 사람을 위해 무덤에 꽃을 바칠 때 짝수로 하기 때문에 살아 있는 사람에게는 꼭 홀수로 줘야 한답니다.

정답 ❷

GUESS 39

어디일까요?

첫 번째 힌트	★ 수도는 **아크라**예요.
두 번째 힌트	★ 아프리카에서 **가장 큰 정원**이 있어요.
세 번째 힌트	★ 옛날에는 사람들이 외국으로 **팔려갔대요**.
네 번째 힌트	★ 번쩍번쩍! **금**이 아주 많아요.
다섯 번째 힌트	★ "○○ **초콜릿**♪"

결정적 힌트: "○○다라마바사아"

Ghana

가 → ㄱ ㄴ

- 대륙 : 아프리카
- 기후 : 열대우림 기후
- 언어 : 영어, 아칸어, 토착어
- 면적 : 23만 8,533㎢

가나

황금의 나라
가나

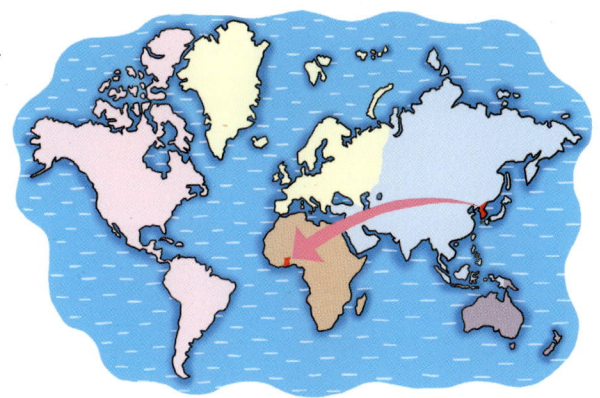

초콜릿은 무엇으로 만들까요? 카카오라는 열매예요.
가나는 **카카오**를 외국으로 많이 파는 나라여서 우리에게 참 익숙한 이름의 나라예요.
하지만 가나의 역사를 보면 결코 초콜릿처럼 달콤하지 않아요.
유럽 사람들은 예전에 가나를 '골드 코스트'라고 불렀어요. **황금 해안**이라는 뜻인데, 금이 아주 많이 나왔기 때문이지요. 새로운 땅을 정복하고자 세계를 누비던 탐험가들에게 가나는 그야말로 욕심이 나는 땅이었어요. 가나의 황금에 눈독 들이던 사람들은 엄청난 양의 금을 가져갔지요. 하지만 그들의 욕심은 여기에 그치지 않았어요. 금보다 사람을 팔면 더 많은 돈이 된다는 것을 알았거든요. 그래서 사람들을 마구 잡아 유럽이나 아메리카에 ***노예**로 팔았대요.

***노예** : 가축이나 재산처럼 사고파는 대상이 되었던 사람을 말해요.

가나 탐험

01 카쿰 국립 공원

정글과 야생 동물로 유명한 가나의 카쿰 국립 공원에 가면, 30미터 높이 위에 캐노피라고 하는 흔들리는 다리가 있어요. 30미터 위의 흔들다리라니 정말 아찔하겠지요? 이 다리가 숲속 구석구석으로 연결되어 있지요. 다리를 따라 열대우림 사이를 다니다 보면 다양한 동물과 식물을 가까이서 볼 수 있답니다.

"흔들흔들, 열대우림 사이를 오가는 흔들다리"

02 아부리 정원

아프리카에서 가장 큰 정원이에요. 다른 곳에서는 쉽게 볼 수 없는 여러 종류의 나무가 있어요. 그래서 공기도 아주 맑고 시원하답니다.

"우아! 이런 나무 처음 보는데?"

"사람이 사람을 팔았다고요?"

03 엘미나성

가나 사람들을 마구 잡아다가 노예로 팔기 전에 가두었던 성이에요. 갇혀 있던 곳에서 어둡고 긴 터널을 따라가면 바로 노예선이 있던 해변으로 이어진대요. 가족과 헤어져 외국으로 팔려 가는 사람들의 마음이 어땠을까요?

01

02

03

옛날 가나의 아칸 족 여자아이들은 야자나무에 올라갈 수 없었대요. 왜 그랬을까요?

01 남자아이들이 나무에 더 잘 올라가서

02 여자아이들은 치마를 입으니까

03 야자나무를 귀하게 여겨서

04 여자아이들이 다치지 않도록 보호하려고

생각 키우기

야자로 만든 술은 아칸 족에게 매우 중요했어요. **새로 태어난 아이의 이름을 짓는 일부터 결혼식이나 장례식에도 야자로 만든 술이 빠지지 않았지요.** 그래서 재료가 되는 야자나무를 귀하게 여겼다고 해요. 여자보다 남자를 중요하게 생각했던 아칸 족은, 여자아이는 야자나무에 올라가지도 못하게 했답니다.

정답 ❸

GUESS 40 어디일까요?

첫 번째 힌트	★ 수도는 **마닐라**예요.
두 번째 힌트	★ **7천 개가 넘는** 작은 섬들로 이루어졌지요.
세 번째 힌트	★ 맛있는 **열대 과일**이 아주 많아요!
네 번째 힌트	★ **지프니**를 타고 뛰뛰빵빵!
다섯 번째 힌트	★ 스페인 황태자 필립의 이름을 땄대요.

결정적 힌트  "대나무 춤"

Philippines

필 → ㅍㄹㅍ

- **대륙** : 아시아
- **기후** : 열대 계절풍 기후
- **언어** : 타갈로그어, 영어
- **면적** : 30만 km²

필리핀

필리핀
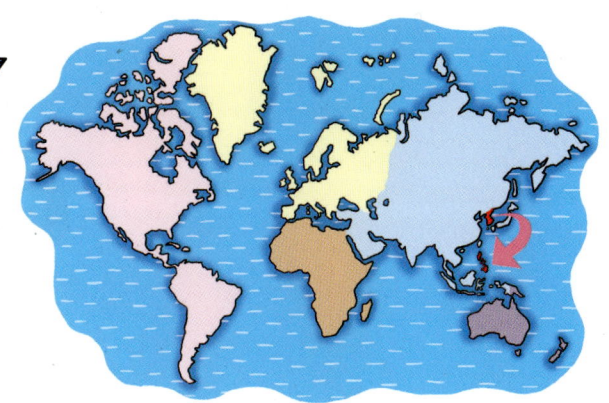

　필리핀은 **7천 개**가 넘는 **아름다운 섬**으로 이루어진 나라예요. 하지만 사람이 사는 섬은 **880개** 정도뿐이고, 대부분은 아무도 살지 않는 작은 무인도지요.

　사람들이 이렇게 많은 섬에 흩어져 사니 서로 오고 가기에 무척 힘들겠죠?

　맞아요. 그래서 필리핀에는 100개가 넘는 *사투리와 부족 언어가 있어요. 서로 다른 언어를 쓰다 보니 하나로 힘을 모으기가 어려웠어요. 그리하여 **스페인**, **일본**, **미국**처럼 힘센 나라에 지배당하던 때도 있었답니다.

　필리핀이라는 이름도 이와 관련이 있어요.

　필리핀을 지배했던 스페인의 황태자 필립의 이름을 따서 지어졌거든요.

　'필립'과 '필리핀', 정말 비슷하죠?

***사투리** : 어느 지역에서만 쓰이는 말을 뜻해요.

필리핀 탐험

01 티니클링

 필리핀 전통 춤이에요. 두 사람이 대나무의 양쪽 끝을 잡은 채, 박자에 맞춰 바닥을 두드려요. 그럼 나머지 사람들이 대나무에 닿지 않도록 안팎을 뛰어다니며 춤을 추지요. 티니클링은 티클링이라는 새 이름에서 따온 거예요. 사람들이 새를 잡으려고 대나무 덫을 놓으면, 티클링은 요리조리 피해 뛰어다녔어요. 그 모습을 흉내 내 만들어진 춤이랍니다.

02 지프니

지프를 고친 것으로, 필리핀에서만 볼 수 있는 대중교통이에요. 특별한 정류장도 없이 같은 방향이면 원하는 곳으로 언제 어디서나 타고 내릴 수 있지요.

03 아포산

필리핀에서 가장 높은 산이에요. 원래는 4,000미터도 넘는 높이였는데, 화산이 폭발하자 꼭대기 부분이 날아가서 2,954미터만 남았답니다. 세계에서 가장 큰 필리핀독수리를 만날 수 있어요.

필리핀에는 '김포'라는 성을 가진 사람들만 사는 마을이 있어요. 이들의 조상은 **어디에서 왔을까요?**

01 지구 밖 별나라

02 미래

03 알래스카

04 우리나라 김포

생각 키우기

킴포라는 성을 가진 필리핀 사람들의 조상은 바로 우리나라 사람들이래요. 이들의 전설에 따르면, 아주 옛날 자신들의 조상이 김포에서 돛단배를 타고 이곳까지 왔대요. 이들은 우리처럼 엉덩이에 몽고점이라는 푸른 반점도 있어요. 다른 필리핀 사람은 없는데 말이에요. 그리고 아이를 안아 키우는 필리핀 사람들과는 달리 우리처럼 업어 키운다고 해요.

정답 ❹

어디일까요?

나라백과

- 나라 이름 맞히기
- 한눈에 보는 나라
- 찾아보기

어느 나라의 국기와 전통의상인지 알아맞혀 보아요.

하이~ ( )
살람~ ( )
니하오~ ( )
할로~ ( )
봉주르~ ( )
나마스테~ ( )
하이~ ( )
챠오~ ( )
곤니치와~ ( )
야수~ ( )

헬로~

( )

헬로~

( )

은데트 나추후~

( )

씬 짜오~

( )

사왓디캅~

( )

올라~

( )

쁘리벳~

( )

키오라~

( )

훗닥~

( )

타크~

( )

어느 나라의 국기와 전통의상인지 알아맞혀 보아요.

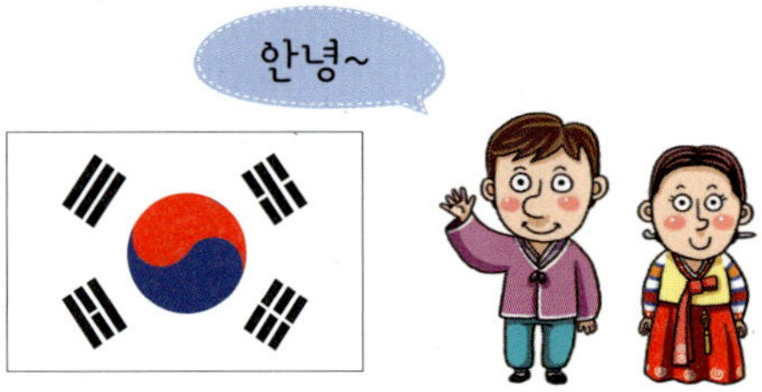

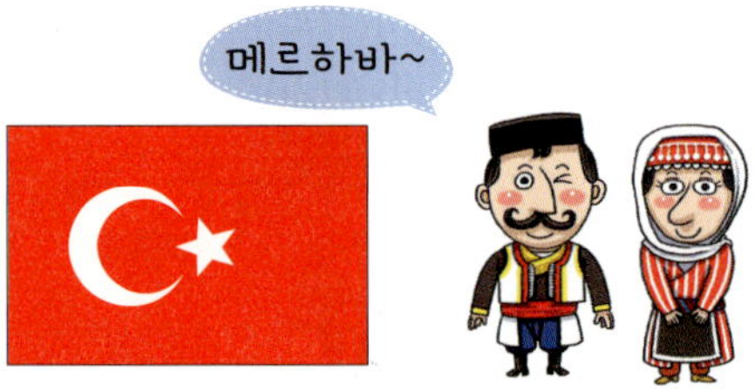

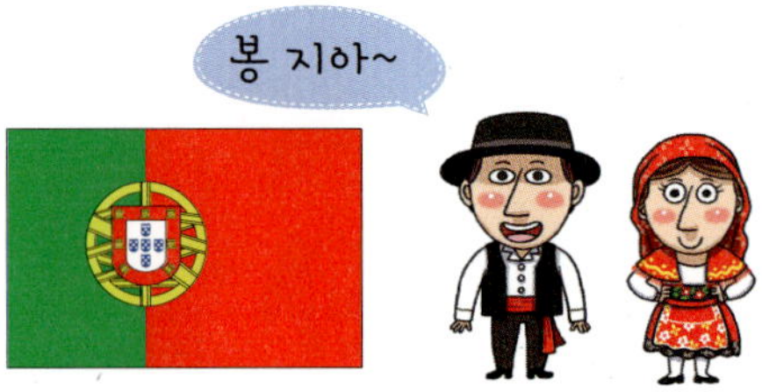

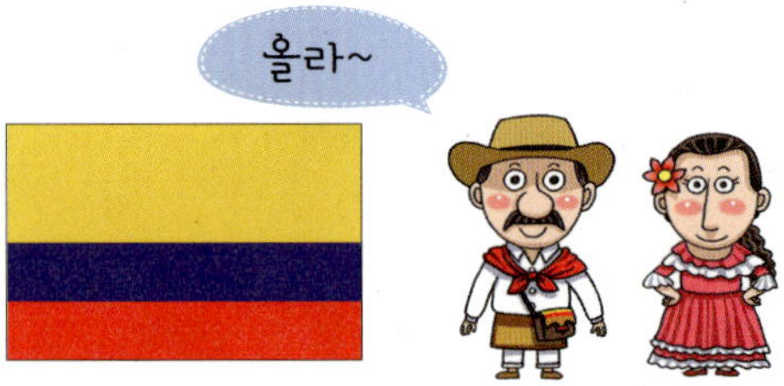

안녕~
(   )

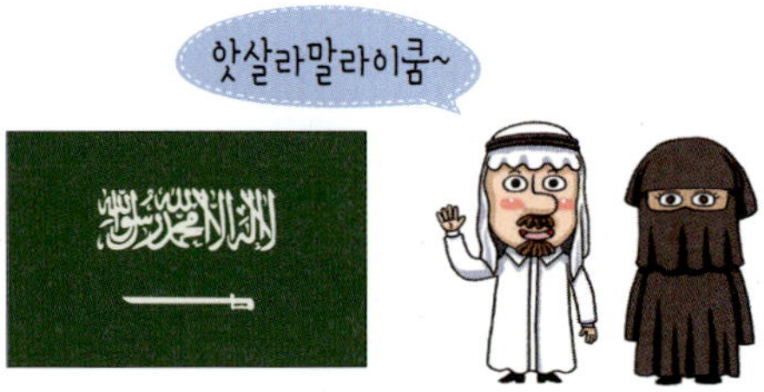

앗살라말라이쿰~
(   )

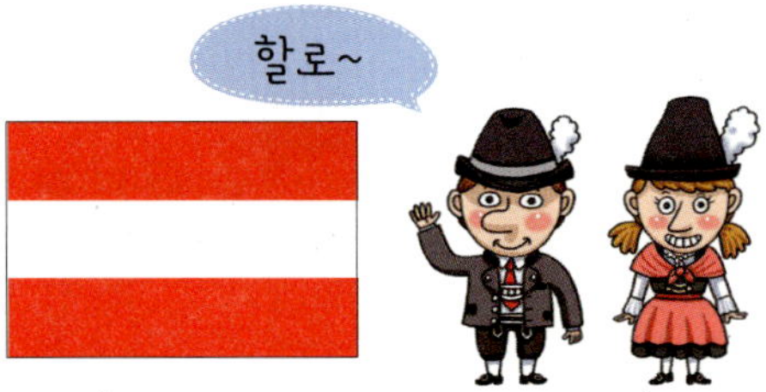

할로~
(   )

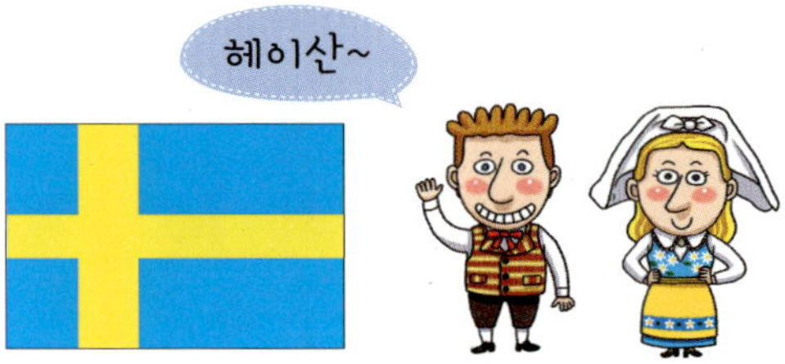

헤이산~
(   )

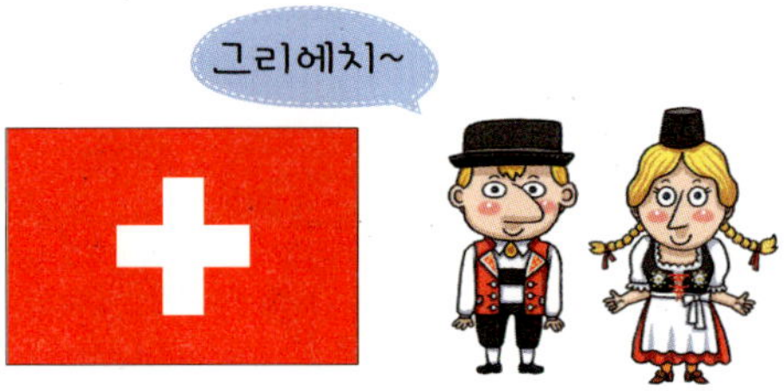

그리에치~
(   )

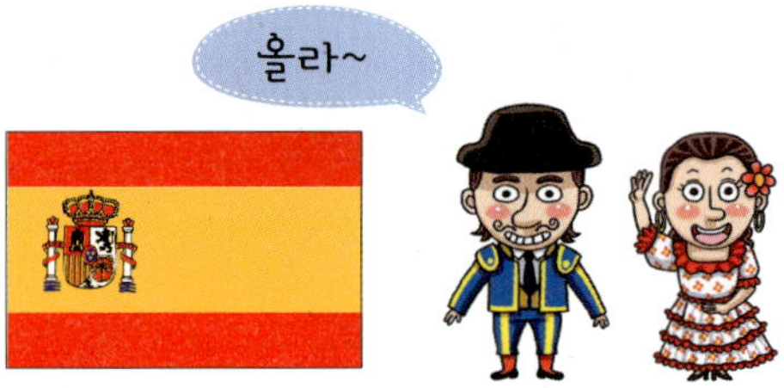

올라~
(   )

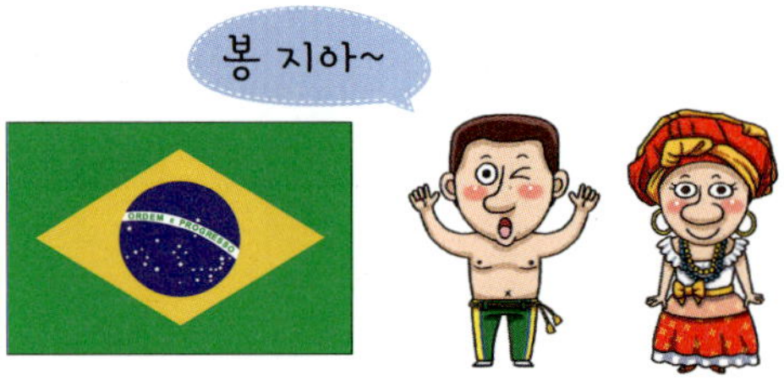

봉 지아~
(   )

메르하바~
(   )

봉 지아~
(   )

올라~
(   )

256

한눈에 보는 나라

영국

중국

프랑스

미국

일본

이집트

독일

인도

이탈리아

그리스

캐나다

에티오피아

 타이
 러시아
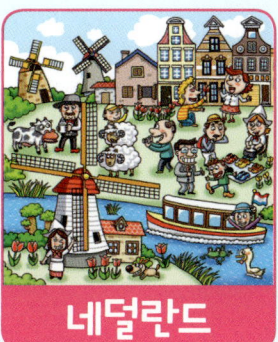 네덜란드
 오스트레일리아

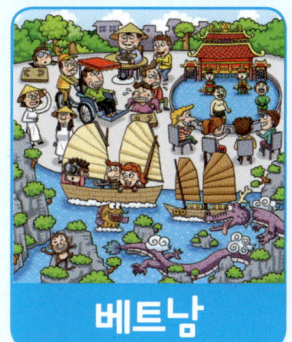 베트남
 멕시코
 뉴질랜드
 노르웨이

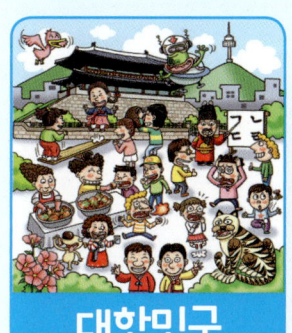 대한민국
 오스트리아
 스위스
 브라질

 포르투갈
 사우디아라비아
 스웨덴
 스페인

터키	콜롬비아	남아프리카공화국	체코
이스라엘	칠레	핀란드	헝가리
이라크	폴란드	가나	필리핀

찾아보기

ㄱ
가나 … 241
그리스 … 67

ㄴ ㄷ ㄹ
남아프리카공화국 … 193
네덜란드 … 97
노르웨이 … 127
뉴질랜드 … 121
대한민국 … 133
독일 … 49
러시아 … 91

ㅁ ㅂ ㅅ
멕시코 … 115
미국 … 31
베트남 … 109
브라질 … 151
사우디아라비아 … 163
스웨덴 … 169
스위스 … 145
스페인 … 175

ㅇ
에티오피아 … 79
영국 … 13
오스트레일리아 … 103
오스트리아 … 139
이라크 … 229
이스라엘 … 205
이집트 … 43
이탈리아 … 61
인도 … 55
일본 … 37

ㅈ ㅊ
중국 … 19
체코 … 199
칠레 … 211

ㅋ ㅌ ㅍ
캐나다 … 73
콜롬비아 … 187
타이 … 85
터키 … 181
포르투갈 … 157
폴란드 … 235
프랑스 … 25
핀란드 … 217
필리핀 … 247

ㅎ
헝가리 … 223